LEADERSHIP
from Scratch

立命館大学総合心理学部教授
高橋 潔
Kiyoshi Takahashi

# ゼロから考える
# リーダーシップ

東洋経済新報社

Illustration: Kiyoshi Takahashi

## はじめに

# リーダーシップはなぜカタカナなのか？

リーダーシップの不在。それがわが国の直面する課題である。リーダーはいるのに、リーダーシップがない。

2011年3月11日。東日本大震災をきっかけにして、この国の大きな課題が明らかになった。この未曾有の大災害では、岩手、宮城、福島の太平洋側を中心に、2万人を優に超える死者・行方不明者が発生した。津波の被害を受けた福島第一原発の炉心溶融《メルトダウン》事故と、その後の危機管理の不備によって、周辺住民だけでなく、国内外に大きな被害を与えた。

当時の政府と電力会社の対応を見てわかったのは、そもそもリーダーシップがないことである。情報の混乱と組織の機能不全の下で、トップの力量不足と高齢化（老害？）と意思決定の遅さが明らかになった。緊急時だからこそ、それがはっきりしたのだ。

そして、2020年4月7日。事態は再発した。新型コロナウイルスが世界的感染拡大《パンデミック》を見せ、中国、イタリア、スペイン、アメリカ、イギリス、フランス、ドイツなどが次々と、都市封鎖《ロックダウン》と給付金の支給という大規模な対策を行った。各国の様子をうかがい、横並びを意識したかのように、わが国でも緊急事態宣言が発令されたが、日本政府の対応は遅きに失したと、国内外のメディアから評された。

政府と自治体との間に、人命と経済についての考え方の隔たりもあった。だから、調整に手間取り、緊急時にもかかわらず対策が後手に回った。緊急事態のさなかにあっても調整を繰り返し、国民不在の記者会見というパフォーマンスに明け暮れる、決められない政治。国民の心に響くような言葉を持たない行政のトップ。

またしても、わが国に住む1人ひとりの目に明らかになったのは、リーダーシップの不在という現実である。政権が変わっても、組織が違っても、リーダーシップが見えない。

頻発する余震と懸念される大地震。猛暑に豪雨、火山の噴火に土砂災害。目に見えない新種のウイルスなど。全国各地で、いろいろな形の災害に見舞われるたびに、リーダーシップが強く求められるようになっている。それにもかかわらず、リーダーシップとは何かが見えてこない。そんな国に私たちは住んでいる。

震災の年、2011年の「今年の漢字」に、「揮」や「帥」ではなく、「絆」が選ばれたのはその裏返しだ。絆という言葉に心が動かされ、お互いの関係を見直すきっかけになったことは間違いない。

ただし、絆という美しい響きは、お互いに支え合ったり、慰め合ったりすることを意味しても、未来を描き、希望に満ちた社会に向けてみんなを結束させる力強さを持つことはない。未曾有の大災害を乗り越え、未来に向けてみんなの力を結集する推進力にはならない。懐かしい時代を思い描きながら、人と人とのつながりを通して、みんなで我慢する。そんな姿が見て取れる。

では、リーダーシップは不要なのか？　組織で生きるわれわれにとっては、否である。リーダーシップは絶対必要だ。逆に、先行きが見えないから、われわれを取り巻く環境の変化が激しすぎるから、かえってリーダーシップをわれわれは強く求めている。

## リーダーシップは品格である

リーダーシップ論の大御所、南カリフォルニア大学のウォーレン・ベニスは、「組織が成功するかしないかは、少なく見積もって、その15%はリーダーシップにかかっている」と述べている。[1) ]真偽のほどは知らないが、組織の盛衰の15%がリーダーの態度にかかっているらしい。

組織のメンバーに責任感が強ければ、粛々と業務が遂行される。それがわが国の組織の実像である。リーダーがいなくても、与えられた役割を果たし、組織やグループに貢献し、あたかも自動機械のように、1人ひとりが歯車のように真面目に働き、全体に機能していく。

それは、ディズニー映画『ズートピア』の中で、背広を着て、みんなが揃ってアイスキャンデーをほおばるレミングブラザーズ銀行（リーマン・ブラザーズ？）のレミングのようだ。

空気を読み、周りから浮かないように気をつけながら活動することが習い性になってしまったら、組織やグループに明日はない。権威に対して組織がおもねるようになると、その組織には、現状維持と変化への抵抗が自然に生まれるものだ。

そんな息苦しい組織の現状に、変化と風を呼び込むのが、リーダーシップである。

組織が成熟すると、慣性の法則が働く。惰性と言い換えてもよい。自然に組織を守ろうとする雰囲気ができあがってくる。雰囲気なので、制度や施策のように、しっかりと作り込みがなされているわけではない。目に見えない態度や常識や周りからの期待のようなフワフワしたものだ。

読者の皆さんが所属している組織でも、「組織防衛」という言葉が話題にのぼるのを聞いたことがあるだろう。外圧があったり他の組織からいろいろな質問やコメントを受けると、まるで攻撃を受けたように身構えて、自分とその組織を守ろうという意識が働くものだ。

こんなとき、組織自体が良い方向に変わることを期待しても無理だ。

反対に、組織に自己変革や自浄作用が利かないときこそ、リーダーシップの登場である。組織が無理ならば、特別なパワーを持つ個人に任せる。それが組織論からの答えである。

リーダーシップは品格である。

近年、テレビでおなじみになった謝罪会見でも、ただ、「皆さまにご迷惑とご心配をおかけした」ことだけを詫び、他の質問には答えないか、あるいは、はっきりとした回答を差し控えることで、自社の責任を逃れようとする。福井県高浜町の元助役から多額の金品を受け取っていた関西電力では、困惑した表情で社長と会長が会見に臨んだ。

経営トップのあたかも被害者然とした態度には、組織防衛の姿がはっきりと読み取れる。組織を変えガバナンスを徹底させるという名目で、役職にしがみついているトップには、リーダーシップはない。周りがうらやむ地位はあっても、誰もが認める品格はない。

## リーダーシップにかかわる疑問

リーダーシップとは何か？

それが問題だ。本書全体を通して、その答えにつながるポイントを紹介していきたい。たとえば、皆さんが日々感じている次のような疑問に答えてみよう。

・リーダーとは、そもそもどんな特長を持った人なのか？（第1～3章）
・リーダーとマネジャーはどこが違うのか？（第2～4章）
・リーダーシップは本当に組織で役に立っているのか？（第5章）
・リーダーシップとマネジメントを両立する黄金比とは？（第5章）
・リーダーシップについて聞かれたときに、理論武装するには？（第6章）
・リーダーの頭の中（脳の仕組み）はどんなふうなのか？（第3章・第7章）
・リーダーシップはどうすれば育成できるか？（第8章）
・リーダーにとって対話が持つ意味とは？（第9章）
・リーダーにとってビジョンとはどういうことか？（第10～11章）
・リーダーは集団を引っ張るのか、支えるのか？　それとも分け持つのか？（第12章）
・リーダーシップの日本型とは？（第13章）

こんな時代だから、誰もがリーダーシップについて知りたいと思っている。自分がリーダーにならなくても、リーダーシップを誰かが発揮してくれるのを求めている。望むらくは、いつかは自分もリーダーシップを発揮したいと思っている。そのヒントを少しでもつかんでもらえば、本書の目的が達せられたということになる。

リーダーシップが言わんとするところは多様である。その本質を理解するには、わかりやすい言葉が要る。言葉がなければ、本質を知ることができない。

残念なことに、リーダーシップはカタカナで表記されている。リーダーシップというカタカナ語には、一方的に教師目線で教え込まれるような、どこか教条的で偉そうな雰囲気がある。トヨタ自動車の現場で使われている「現地現物」とか「面倒見」とか「見える化」といった、組織の文脈を離れても、その言葉がイキイキと伝える自然な含蓄《コノテーション》がない。

だからリーダーシップにも、和語が使われるときのように、お肌にスーッと浸透する美容液のようなナチュラルな成分が必要だ。そうでなければ、本当の理解が得られないかもしれない。

奈良時代より、わが国が大きく発展してきた歴史の中では、漢字を通して中国から学び、蘭語を通して西欧から学び、日本語の表記の中に漢字とカタカナと平仮名をミックスすることで、先進的な異文化からの教養を受け入れる先人の知恵があった。

中国では、カタカナに準ずる言語ミックスの仕組みがないので、リーダーシップを「領導力《リンタオリー》」という言葉に直している。領導力は、中国王朝に伝統的な孔子（論語）や孫子（兵法）の君主論の影響を受けているので、グローバルコンセプトとしてのリーダーシップとは、微妙なズレを見せている。だからなのか、最先端のビジネスで躍進する中国人のマネジャーや、中国の組織論の学者の間では、アメリカ版リーダーシップ理論が幅を利かせているところがなかなか面白い。

リーダーシップと領導力。いったいどちらが、われわれの考え方にフィットするのか？

これまでわが国は、憲法から始まって製品やアイディアに至るまで、アメリカの影響にどっぷり浸かってきた。アメリカを中心にしたリーダーシップ論が、日本文化や日本人の特徴を深く考慮することなく、そのまま取り入れられてきた。

だから、社会や組織の長が備えておくべき品格を言い表すには、カタカナ語ではあるが、リーダーシップという言葉しかないだろう。中国4000年の歴史に敬意を表したとしても、今さら領導力には変えられない。

リーダーシップはなぜカタカナなのか？　それは、何かとカタカナが都合が良いからである。日本語にない概念を翻訳して使うことのデメリット——その本質を訳出しきれないもどかしさ——を感じることなく、そのまま直にアプローチできる。

コロナ禍の影響にあって、ロックダウンだったり、クラスターだったり、ソーシャルディスタンスだったり、やたらと新しいカタカナ語が氾濫している時代だから、リーダーシップなどはすでにこなれていて、「おふくろの味」ライスカレーのように、懐かしの着想となっているかもしれない。

反対に、カタカナ語を使い続けるのは、われわれの社会が、まだリーダーシップを消化できていないことの裏返しでもある。リーダーシップの大切さが、事あるごとに強調されるわけだが、自分の血となり肉となるまで、身につけるには至っていない。意識のうわべを通り過ぎ、言葉だけが躍っているといえるかもしれない。

本書でも、アメリカから輸入されたリーダーシップ商品で品揃えがなされている。しかし、「アメリカでベストセラー！」といううたい文句ではなく、それが読者の皆さんの心に染み入る「浸透力」をめざしたい。時間が経ってもしっとりしている保湿力があれば、もっとよい。

扉のイラストには、手塚治虫、安藤百福、平尾誠二の３人が描かれている。タイトルはもちろん「日本のリーダー」。本書の中で触れた各界のリーダーたちである。いずれも関西に所縁のある方々だ。

関西には関西なりの良さがある。「ええカッコしい」のリーダーシップはウソ臭い。笑う門には福来る。お笑い文化が支えるパンチが効いたリーダーシップ論を展開したい。

また、佐久間象山や渋沢栄一などの先人の知恵にならって、「和魂洋才」をモットーにして論じていこう。古典や歴史に立ち返り、リーダーシップについてゼロから考え直すのが目的だ。中途半端な「和洋折衷」にはくれぐれも気をつけながら、和風の味を大切にしたリーダーシップの世界を広げていきたい。トンカツ、コロッケ、オムライスなどのように、和風洋食として定着すれば、リーダーシップも本物になる。

## chapter 3 マネジャーの才覚とリーダーの素養



## chapter 4 トヨタグループの調査から見える風景

## 職場の競争力を高めるには

5
chapter



## リーダーシップのビッグファイブ・パラダイム

6
chapter

## chapter 7 リーダーシップと脳の関係 ——リーダーシップ・ブレイン・モデル



## chapter 8 知識と経験でリーダーシップは育つか？

## chapter 11 ビジョンの鍛え方



## chapter 12 リーダーは従者であり、分かち合う

## chapter 13 日本型リーダーシップの本質を見抜く

# リーダーシップの謎を解く

chapter 1

## リーダーシップの強敵あらわる

光村図書から出ている小学２年生の国語の教科書に、「あったらいいな、こんなもの」という単元があるのをご存じだろうか。小学生の子どもたちが、思い思いに想像力を働かせて、自分らしく考えた夢のようなアイディアを出し合い、それをクラスのお友達の前で発表して、お互いに聞き合うことを意図している。

意図するポイントを知れば、親や教師でなくても、きっと期待が膨らむだろう。小学２年生の子どもたちは、いったいどんな夢を描いているのだろうか？

「あったらいいな、こんなもの」

「空を自由に飛べる道具」とか、「何でも出てくる装置」とか、「宿題をやってくれるロボット」とか。こんなのが、よく挙げられてくる夢なのだ。

さて、どう思うだろうか？　感想があればどうぞ。

さすがに今の子どもたちは、夢がすごく現実離れしているとか、SFチックだなどと感心している人もいるかもしれない。「あったらいいな、こんなもの」に一生懸命取り組んでいる小学２年生の親なら、なおさらだ。

しかし、どうだろう。

子どもたちの夢といっても、どこかで聞いたことがあるような、だいたい似たり寄ったりのものだなぁと感じているのは、筆者だけではないのではないか。「♪こんなこといいな、できたらいいな」と、皆さんもおなじみの主題歌が聞こえてきそうだ。

そう、そのとおり。子どもたちのアイディアは、ほとんどが「ドラえもん化」している。

教科書にドラえもんの絵がついているものだから、意図せずに、子どもたちの意識をドラえもんのほうに誘導してしまっている。それは大人の事情だ。子どものウケを狙って取っつきやすくすることが、豊かな発想と話し合いを生み出すと考えている。それが裏目に出てしまっている。

ただし、子どもたちとドラえもんの名誉のために言っておこう。それは決して、アイディアが独創的でないとか、夢が二番煎じだということではない。

子どもたちはそれぞれに、自分が面白いと思ったアイディアを考え出して、お友達の前で発表することに喜びを感じている。似たり寄ったりの夢であったとしても、それは自分自身のオリジナルだと感じている。

では、「ドラえもん化」することのいったい何が問題なのか？

一言でいえば、「便利であること」だけに、自分たちの意識が向いてしまうことだ。コンビニエンスの発想しか、浮かばなくなってしまっている。

成熟した社会に生まれ、何不自由なく育った世代には、便利であるということは、当たり前のことだ。しかし、便利さの発想には、苦労をして新たな価値を創造したり、自ら道を切り開いていく力強さはない。昔の日本人が大切にしてきた勤勉さもない。

便利さに慣れてしまうと、自分は汗を流さず、何でも思ったとおりのことを、文句ひとつ言わないで実現してくれるドラえもんが欲しくなるものだ。

もし小学生全員が、のび太のように、「自分にもドラえもんがいればいいのにな」と思っていたらどうだろうか？　そんなのび太風の態度に慣れてしまった子どもたちに、本当に明るい未来は来るのだろうか？

ドラえもんのような便利な執事役は、リーダーシップの強敵である。何でも思いどおりにわがままを聞いてくれるサービスとか、きめ細かなおもてなしを提供してくれることは、サービス化した社会にとっては、大事な価値観であることは間違いない。

しかし、われわれから大切な機会を奪っている。つまり、困難な状況に立ち向かって、自ら解決策を切り開いていくイニシアチブやリーダーシップの経験を奪ってしまうのだ。

親の身であれば、わが子があえて苦労を買って出て、周りのお友達を大勢巻き込んで、何かを成し遂げていくリーダーシップを発揮してくれることを願うことだろう。たぶん。

それは、学力では測れないが、わが子に何とか身につけてもらいたいと願う大切な要素である。しかし、それがコンビニエンスの名の下に、われわれの周りから奪い去られているのだ。

『ドラえもん』を生み出した藤子・F・不二雄の奔放なアイディアに敬服する一方で、それが浸透しすぎたこの国からは、リーダーシップが生まれるというのは期待薄だろう。リーダーシップにかかわる能力は、子ども時代からの経験の積み上げによってしか、身につくことはない。

一方、リーダーシップの国アメリカでは、『ドラえもん』のアニメ放映権契約が結ばれ、ネットワーク放映が企画されていながら、3度にわたって失敗している。冒険や自立や友情といったディズニー的なストーリーが好まれるお国柄では、ドラえもんは親にも子どもたちにも受け入れられず、結局お蔵入りになっているのは、なるほど象徴的である。

「かわいい子には旅をさせよ」ということわざがある。だから、かわいい子にはリーダーシップの旅をさせよというのが、親世代や祖父母世代に向けたメッセージである。『ハリー・ポッター』シリーズや『ロード・オブ・ザ・リング』シリーズなど、大ヒットしたファンタジー映画が、鬼気迫るストーリーとして伝えたように。

子どもには、学校から離れて、苦労を伴った旅が必要だ。

## リーダーシップとは愛のようなもの

リーダーシップとは何か？　わかっていそうでなかなか実体がつかめない。なんともモヤモヤした気持ちだ。

リーダーシップには、1つの決まった定義はない。リーダーシップの大御所であり、オハイオ州立大学のラルフ・ストッグディルは、リーダーシップについての過去の著述と研究の集大成を行った。そして、「この概念を定義しようとする人の数だけリーダーシップの定義がある」[1]とも言った。

そんな無茶なことを言わなくてもよいのに、と思うだろう。定義したり、説明したりするのが難しいものを、どうして組織では求めなければいけないのか？　リーダーシップなんて、やめておけばよいのにと、正直に口に出したくなるのもわからないでもない。

しかし、リーダーシップは定義しにくいからといって諦めないで、チャレンジしていこう。食わず嫌いはひとまずやめよう。新しいことを学ぼうとすれば、定義を知ることから始めなければならない。カタカナ語で、語感からヒントを得るのが難しければ、なおさらだ。

リーダーシップとは、いったいどんなことを指すのだろうか？　リーダーシップについて主立だった定義をいくつか示しておこう。

「集団の活動を共通の目的に向けて方向づける個人の行動」[2]
「他者に影響を与え、やる気にさせ、組織の効果性と成功に貢献させることのできる個人の能力」[3]
「集団目標の達成に向けて集団の諸活動に影響を与える過程」[4]

「共通の目的を達成するために、集団のメンバーに個人的な影響力をもたらす過程」[5)]

「集団の努力に目的（意味）を与え、その目的を達成するために主体的に努力を払うように導く過程」[6)]

「人々が一緒に行うことに意味を与え、お互いに理解し、コミットさせていく過程」[7)]

「ビジョンをはっきり示し、価値を具体化し、物事が実現できる環境を作ること」[8)]

「慣れ親しんだ文化から踏み出して、より適応的であるために、革命的な変化のプロセスを創始すること」[9)]

先にも触れたように、リーダーシップにはいろいろな定義がある。詳しく説明されると、フーッと気が遠くなったり、逆にこんがらがって、わからなくなってしまうかもしれない。

それでもアメリカ人であれば、言葉のハンデもないし、普段から意識しているから、リーダーシップというものを直感的に理解できる。

たとえてみれば、リーダーシップは愛のようなものである。[10)] 誰もが愛を知っているし、それを求めていながら、愛というものを正しく定義することはできない。リーダーシップもそれと同じだ。

もっとも、ミスター・リーダーシップとかミズ・リーダーシップと呼べるような人物を、この国ではほとんど見ることがないから、始末が悪い。身近に、リーダーシップの模範やモデルとなるような人がいない。だから、実感を持つのは簡単ではないのだ。

リーダーシップの定義を知るにあたって、少しだけ皆さんを安心させたい。それが筆者の親心（？）である。

魚心あれば水心。必ず心が通じ合う。

改めて眺めてみれば、リーダーシップの定義には、まとまりが見られるようだ。エッセンスを取り上げれば、「目標の達成に向けて、集団の活動の照準を合わせ、他者に影響力を発揮すること」である。つまり、①目標への志向性、②集団活動の照準合わせ、③影響力の発揮、の３つが大事である。

図1-1　リーダーシップを定義する3つの要素

ひとまず、そう説明しておこう。これで一安心。

ここで気をつけておきたいのは、リーダーとリーダーシップは同じではないということである。立場上リーダーと思われる人の言動を見たところで、本当にリーダーシップについて学ぶことができるかどうかは怪しい。立場はどうであっても、リーダーシップを発揮している人からしか、リーダーシップは学べないものである。

もう一度繰り返したい。リーダーとリーダーシップは同じものではない。ということは、逆に、都合が良いこともある。リーダーでなくても、誰もがリーダーシップを発揮できるからだ。

組織のトップであっても、リーダーシップがない人がいる。反対に、末端の集団にもリーダーシップを発揮している人がいる。

だからこそ、本書を手に取った人には、誰にもリーダーシップを身につけてもらいたい。それが願いだ。おまじないの言葉は、ビビディ・バビディ・ブー。

## リーダーシップ教育の最高学府

リーダーシップは管理職の専売特許のように思われている。そう言う筆者も、名だたる企業の管理職研修に呼ばれて、リーダーシップについて講義している。だから、リーダーシップの残念な現状に、くしくも加担しているわけだ。

その一方で、「リーダーシップを30代や40代になって学ぶのは遅い！」とも感じている。管理職研修を通してリーダーシップを促成しようとするのは、虫のいい話であり、もしこの点に気づかなければ、リーダーシップの育成プログラムを売り込もうとする研修コンサルタント（筆者を含めて）の言いなりになってしまう。

リーダーシップは、芳醇なスコッチのように、経年と熟成が要る。小学生の頃から意識していなければ身につかない。

だから、グローバルで戦える組織のリーダーを本気で求めようとするのであれば、小さなときからこつこつと、リーダーシップを発揮してきた人材を、足を棒にしてでも探し求めていくしかないのである。

ことわざにもあるように、「年上の女房」と同じで、金《かね》のわらじを履いてでも探さなければならないのだ。

リーダーシップは、アメリカが最も大切にしている価値観である。それを身につけてもらうために、エリート教育を行う体制が整っている。エリート教育という響きは、わが国では何かと評判が悪いものだが、リーダーシップは単なる組織上の役割ではなく、卓越した品格を持つことが前提となっている。だから、エリート教育とか帝王学と相性が良い。それを授けるほうにも、授けられるほうにも、相応の覚悟が要るものだ。

では、リーダーシップを教育するうえで最高の大学はどこか？

アメリカの超エリート校であるハーバード大学やスタンフォード大学だろうか？　答えはNOである。オックスフォード大学でもケンブリッジ大学でもない。まして、東京大学でもない。

わかった人はいるだろうか？

それは、米国陸軍士官学校（USミリタリー・アカデミー）。ウェストポイントと通称で呼ばれている大学だ。連合国軍総司令部（GHQ）最高司令官のダグラス・マッカーサー元帥を生み出した名門校である。

そこは、アメリカ陸軍を指揮する人材を育成する卓越した機関であり、学生が一流、教員は超一流の大学である。4年間を通して、さまざまな知識と技能を学ぶ。大学なので当たり前だ。日本の大学生のように、バイトやサークル活動に精を出して、ノーテンキに学生生活を送れるはずはない。教学と訓練に明け暮れる毎日である。

そのウェストポイントで学生に身につけさせることは、たった1つ。それはリーダーシップである。

陸軍ではリーダーシップを優先事項とする。リーダーシップは、週５日九《く》時《じ》五《ご》時《じ》の勤務のようなものではない。地位やポジションでもない。組織の長たる役割でもないし、命令する権限でもない。それは生き方そのものであり、また、あらゆる組織活動のカギを握っている。[11)]

役割という社会学の概念が幅を利かしているわが国では、上からの指示命令や役割の下で、粛々と仕事が進んでいく。勤勉で従順な社員が揃っていれば、ほぼ自動的に、慣例と手順に従って業務が進んでいく。だから、精密な機械のように、組織の構造と役割がしっかりしていれば、リーダーシップは要らないと思われている。

また、「船頭多くして船山に上る」のことわざがあるように、組織の長は２人と要らないとも思われている。多くの人がリーダーシップを取り合うような状況では、方針がぶれてしまい、組織をとんでもない方向に導いてしまう。

対立やいさかいがあれば、決して良い結果には至らない。だから、リーダーシップは単純構造であるのが良いと感じられるのかもしれない。外とのつながりが少なく、安定したガラパゴス的な環境の下では、優れたリーダーシップがなくても特に困ることはないだろう。

一方、状況が不確実で肉体的に過酷、精神的にも不安定な戦場のようなところでは、話はまったく違う。作戦を首尾よく完遂しようと思えば、リーダーの指示を仰いでいるだけでは足りない。

メンバー１人ひとりが全体の目標を意識し、与えられた役割だけでなく、命じられる以上のことを自ら進んで行わなければ、作戦の完了はおろか、自分たちの身を守ることさえできないものである。

だから、時には、上長の命令にも異を唱えなければならないだろう。対立は協調のための生みの親だと考えるのがよい。もちろん、言い方には気を配るが。

アメリカ陸軍で身につけたリーダーシップは、あらゆる組織に応用できると考えられている。それほど高度に涵養された資質であり、あらゆる組織での汎用性を持っている。戦場だけでなく、ビジネスシーンでも、国が変わっても、そのリーダーシップは発揮できる。

反対に、他の組織からリーダーをヘッドハンティングできないことが、軍隊組織の固有の課題である。民間で積み上げたリーダーシップは軍隊に応用できない。状況の緊迫度と意思決定の重みが違いすぎる。だからこそ、教育と訓練を通してリーダーシップを開発することが、陸軍士官学校の責務なのだ。

また、長い時間をかけて人材を見極め、リーダーが自然に生まれてくるのを待つのも、得策ではない。部隊長を作戦中に失った状況を想像してほしい。情勢が刻々と変化する戦場で、リーダーが不在であれば、その部隊は取り返しがつかない場面に陥ってしまう。

敵を攻めながらも反撃を受けるような場面で、部隊の長を失った後に、誰かがすぐにリーダーシップを取らなければ、全滅に追いやられる。だから、組織の最下層の人から、全員がリーダーシップを発揮できるように、いつも訓練しなければならないのだ。

現代の社会は人権や個人の尊重を旗印にしているから、個人を犠牲にして組織の体裁を保つのでは意味がない。上官の命令に盲従して玉砕に走った旧日本陸軍とは比べようもない。一方、上からの指示命令がなければ、バッテリーの切れたロボットのように、みんなが思考停止になり、動かなくなってしまうのでは、現場は不幸だ。

組織がうまく働かなくなったときこそ、躊躇することなく、リーダーシップを示す人が次々に現れ、状況を打開できること。それは決して組織論ではなく、組織を動かす個人の資質である。

## 子どもの頃からリーダーシップを伸ばす

アメリカでは幼いときからリーダーシップを開発する。それは、リーダーシップをとりたがる意識高い系の子どもが多いからというわけではない。

アメリカの小中学校の休みは長い。6月中旬に学年が終わり、8月中旬に新学年が始まるまで、2カ月ほどの夏休みがある。共働きの夫婦にとって、この長い休みはどうにも頭が痛い。

新型コロナウイルスの影響で、学校閉鎖になった頃を思い返せばわかるだろう。子どもたちだけで家にいられると、何をしでかすかわからないし、だからといって、ヘルパーの手配も大変だ。

そんなときに、悩み多き親の味方となるのがサマーキャンプである。屋外体験キャンプやスポーツキャンプやアートキャンプなど。いくつかのキャンプに参加して、いろいろなアクティビティを行う。学校ではできない経験を通して成長する、またとない機会なのである。

ただし、キャンプには費用がかかる。宿泊を伴ったオーバーナイトキャンプであれば、1週間で1500ドル（約16万円）が相場だ。こんなに高いと、費用を出す親や保護者に対して、その効果をはっきり説明しなければ、なかなか参加者を集めることができない。

では、何を説明するか？

キャンプを通して身につけられるもの。それがキャンプの効果である。PRのためだから、エビデンスに基づく効果測定はされないものだ。

もちろん、第1に挙げられるのはリーダーシップである。リーダーシップは、子どもの成長に対する親としての義務感にアピールする。親の心に訴求して、財布のヒモを緩められる。

キャンプでは、大学生のカウンセラーの下で、大勢の子どもたちが寝泊まりして、テニスやフリスビー、ハイキング、釣り、カヤックなどの中から、自分が好きなものを選んで行う。また、子どもたちが協力して自炊したり、キャンプファイアをしたり。

小学生から高校生くらいまで、いろいろな年齢の子どもがキャンプに参加する。年長の人は、年少の子どもの面倒を見たり、自分の得意なことでグループに貢献する。たとえば、料理が得意であれば食事の用意をし、音楽が得意ならばギターで伴奏して、キャンプファイアの盛り上げ役としてグループに貢献する。

さあ、皆さんも一緒に口ずさみましょう。キャンプファイアといえばこの曲、「遠き山に日は落ちて」。

ドヴォルザークの交響曲「新世界より」から取られた愛唱歌だ。「＃新世界より」で検索すれば、ドヴォルザークに由来する貴志祐介原作のアニメと並んで、ふぐの提灯となにわのエッフェル塔のツーショットの投稿写真が出てくるので、ちょっと嬉しい。

自分の得意分野を生かして、他者に影響を与える。競争ではないから、誰が優れているとか、誰が一番というのではない。自分の強みと持ち味を生かして、率先して人をリードする。そんな経験を子どもの頃から積み上げていけば、誰に強制されることもなく、周りに影響を与えていくことができる。だから、自然にリーダーシップが身についていくのだ。



## クールジャパンのリーダーシップ

人口の９割以上が都市部に住んでいるわが国では、自然と触れ合い、みんなと協力して事を成し遂げる経験をする機会が、めっきり少なくなっている。都市化が進み、少子高齢化が当たり前になると、子どもたちが自然の中で学ぶ機会とか、スマホやゲームから離れてみんなと一緒に遊ぶ機会というのは、ますます遠ざかってしまう。子どもの世界では、ジャイアンのようなガキ大将は、遠い昔にいなくなってしまった。

そんな環境の中で、どうやってリーダーシップを学んでいけばよいのか？

出だしで『ドラえもん』を引き合いに出したので、終わりでも、またマンガに目を向けてみよう。

スーパーマンやワンダーウーマンやスパイダーマンなど、DC コミックスやマーベルのいかにもアメリカンなヒーローからではなく、日本の人気マンガから、そもそもリーダーシップを感じることができるだろうか？　世界に誇るべきクールジャパンから、どのようなリーダーシップを思い浮かべることができるだろうか？

きっと、まず第１に浮かぶのは、『ONE PIECE』（作：尾田栄一郎）だろう。主人公モンキー・D・ルフィが、海賊王になるために、「ひとつなぎの大秘宝（ワンピース）」を探して航海を続ける冒険物語である。

ルフィがリーダーとしてわかりやすいのは、ゾロやナミやウソップなど、麦わらの一味という上下関係のないグループの中で、周りから「一緒に何かをしてみたい」とか、「この人についていきたい」と思われていることだ。本人の魅力やカリスマといった要素が根っこにある。組織構造や上下関係のない仲間集団の中では、その人ならではの人となりからくる影響力は目立ちやすい。

それにもまして大切なのは、はっきりしたビジョンを掲げていることだろう。ルフィは「海賊王におれはなる!!!!」というわかりやすい人生目標を掲げ、旅の途中で知り合った多くの仲間たちを巻き込んで、長い航海を行っていく。それが、読者の共感を呼んでいる。

行動を共にする仲間たちに、言葉や態度をもって、約束の未来を予見させること。それこそが、ビジョンの持つ働きである。

ルフィにリーダーシップを感じる要素が何かといえば、カリスマとビジョンである。組織や権限に拠ることなく、周りが自然についていくためには、この２つの要素はなくてはならない。

もう１つ挙げるとすれば、『風の谷のナウシカ』（作：宮崎駿）だ。風の谷の族長の娘であるナウシカは、産業文明の衰退で残された環境破壊と、帝国主義と民族紛争と宗教対立が入り組んだ社会に立ち向かう。現代社会が直面しているありとあらゆる「どん詰まりの状況」が、このアニメでもテーマとなっている。

風の谷の少女が、王蟲《オーム》の血で青く染まった土鬼《ドルク》の服を着て、トルメキアの船で出陣する。その目的は、空気が汚染され、生命が死に絶える大海嘯《だいかいしょう》を食い止めることだ。土鬼の僧正は、敵対する側に立つナウシカの中に、民を約束の地に導く使徒の姿を見る。「その者青き衣をまといて、金色の野に降り立つべし」

いかなるどん詰まりの状況にあっても、決して希望を捨てず、あえて苦難に立ち向かう。敵と味方が入り交じり、宗教的にも民族的にも、多様性《ダイバーシティ》が極度に高まった世の中で、昨日の敵を今日の味方に変えてしまう。そんなナウシカの姿も、リーダーシップそのものだろう。

かつてナウシカの師であった腐海一の剣士ユパは、教え子のナウシカが自らの行動と感性で、世界の終焉たる大海嘯の意味を探り当てたことで、ナウシカを深く崇敬する。若者の先を歩んでいた中高年が、その立場を振りかざして、指導や説教をするのではなく、「負うた子に教えられる」ことを厭わぬ態度を示す。

次代の若者から未来の姿を学ぶ謙虚さを、年長者が身につけること。それも、世代を超えたリーダーシップの継承には、必要な要素である。

クールジャパンを二分するほどの人気の尾田マンガと宮崎アニメ。ルフィ派とナウシカ派ではファン層が異なるし、心が動かされるポイントも違っている。

しかし、『ONE PIECE』と『風の谷のナウシカ』に共通点があるとすれば、それは小さいときからリーダーシップを発揮していること。意図する・しないにかかわらず、子どものときから周囲とかかわり合う体験をして、リーダーとして内面的に成長していく成長物語《ビルドゥングスロマーン》なのである。

残念ながら、わが国では、若いときからリーダーシップを身につけていくことが不利な状況にある。そもそも、リーダーシップを正しく伝える和語がないことが災いしている。

強いてリーダーシップを訳せばどうなるか？　「統率力」とか「指導力」というのが定番だ。いやいや、どうもしっくりこない。それでは、「海賊力」か「女子力」か？

chapter 2

# リーダーシップとマネジメントを区別する

## リーダーとマネジャーの違いは何か？

リーダーシップについて話を進める前に、まず区別しておきたいことがある。

リーダーとマネジャーは何が違うのか？

どちらも管理職の人を指しているようでもあるし、人と人とのかかわりの中で影響力を発揮し、全体の目標の達成に向けて部下やメンバーに働きかける点でも似ているように見える。はっきりと区別しないで、同じような意味で使われることもある。

しかし、この区別が大切なのだ。リーダーとマネジャーをはっきりと分けなければ、リーダーシップについてあれこれ説明しても、心底から納得することはできない。

リーダーシップについて知りたければ、リーダーとはどういう人かを考えていかなければならない。この国で真のリーダーが見えにくいのは、マネジャーが邪魔をしているからだ。

グローバルのキャリア競争では、アメリカや欧州の超有名 MBA プログラム（経営専門職大学院）を出て、初めからマネジメント層としてのキャリアを磨いていったり、他の企業でマネジャーとしての錚々たる経歴を持っていなければ、マネジメントの仕事にありつけない。それが世界の常識だ。

学歴も仕事経験も、責任の重さや成果へのプレッシャーも、一般従業員とは格段に違う。だから、それだけ高い給料をもらうに値する実力を身につけている。

しかし、日本のふつうの会社組織であれば、マネジャーを外部からヘッドハンティングするわけではなく、社内にいる人材の中からマネジャーを任せていくのが順当だ。会社や組織の中で経験を積んでいけば、だいたい管理職（マネジメント層）に昇進していく。いわゆる内部昇進の仕組みの中で、ゆるやかにマネジャーに上っていくわけである。

入社をすれば、ふつうはヒラ従業員からスタートするから、現場で日々の実務を担っていく。パッと見では、正社員として働くのとアルバイトや派遣従業員として働くのに、あまり違いがないようにも見える。ただし、それは最初だけであり、正規従業員であれば、10年くらい勤めていると、内部昇進の仕組みに従って、主任や係長などに昇進していく。

組織の中で昇進すればどうなるか？　まずはっきりするのは、重要な仕事を任されるようになるということだ。仕事の幅が広がり、権限も与えられるので、仕事が面白くなる。やらされ感や徒労感、仕事が無意味と思う気持ちが減っていく。それだけでなく、給料の面でも魅力的になる。また、部下や後輩を指導したり、まとめていく責任を負うものだ。だから、ヒラ従業員のときと比べて、仕事とキャリアに張りが出てくるだろう。

最近は、「責任ばかりが増えて」と、昇進するのを敬遠する向きもある。確かに責任が増えて、休みもとりにくくなる。しかし、昇進を辞退するとジリ貧になってしまうこともある。いい年になっても、管理職に上がれなければ、その後の人生設計が窮屈になる。結婚して、子どもができて、生活費が必要になってくるときには、とても苦しくなる。

晴れて管理職に昇進したら、周りから何を期待されるのだろうか？

組織で昇進するということは、ふつう、マネジャーとしての能力が買われて上がるのだから、まずは管理の仕事をきっちりこなすことが求められる。自分以外の人――部下や他部門の人――を通して日々の業務を間違いなく実施し運営していくために、他者の仕事や進み方を管理するマネジメントの役割が期待される。必要な能力は、昇任試験や業務経歴などで、昇進が決まる前にすでに証明済みだ。

それとともに、全体を率いていくリーダーとしての役割が期待されている。部門やグループの長としてのリーダーシップが期待されるわけである。

ここが曲者《くせもの》だ。1人の人が、マネジャーとリーダーを同時にこなすことになる。言い換えれば、マネジャーとリーダーに求められる2つの能力を、併せ持たなければならないわけだ。マネジメントとリーダーシップが一体化してしまう理由がここにある。

最近では、名刺にもマネジャーやリーダーという肩書が書かれるようになっている。一般に、マネジャーは管理職を指し、課長や部長を意味しているのに対し、グループリーダー（GL）やプロジェクトリーダー（PL）というのは、主任とか係長レベルとして使われているようだ。肩書としては、リーダーよりマネジャーのほうが、ポジションが上のケースが多いかもしれない。

一方、CEO（最高経営責任者）やCFO（最高財務責任者）やCOO（最高執行責任者）などの取締役経営陣を、全体としてリーダーシップチームと呼ぶ。そもそも、リーダーとは経営トップのことをいい、マネジャーよりも立場がずっと上のポジションを指すものだ。

リーダーとマネジャーの違いがわかりにくくなっている。カタカナは目くらましであり、カタカナが使われると、どういうポジションなのかよくわからなくなってしまう。ネスカフェ・ゴールドブレンドを愛飲して、「違いがわかる男（♪ダバダ〜ダバダ〜）」になっていたとしても、この違いは結構ハードルが高い。

## リーダー vs. マネジャー

リーダーシップの先進国アメリカには、リーダーとマネジャーの違いについて語る大家がいる。[1] その急先鋒といえば、ハーバード・ビジネススクール（HBS）のエイブラハム・ゼルズニックだ。彼は、リーダーとマネジャーを分けるものとして、表2-1のようにいくつかのポイントを示している。[2]

| マネジャー | | リーダー | |
|---|---|---|---|
| ・問題解決 | ・選択肢を狭める | ・問題発見 | ・選択肢を広げる |
| ・根回し、バランス感覚 | ・和を重んじる態度 | ・直視する、発言する | ・威厳ある態度 |
| ・集団にもまれて育つ | ・集団主義 | ・苦労から伸びる | ・個人主義 |
| ・管理統制の意識 | | ・エリート意識 | |

表2-1　マネジャーとリーダーの違い

まず、マネジャーについて見ていこう。マネジャーというのは、問題解決と実践を行うことがその最大の役目である。与えられた課題をいかにマネジメント（管理統制）していくかが、その仕事だ。

だから、目の前にある課題を整理し、さまざまな可能性を検討したうえで、とるべき選択のレパートリーを狭めていく。冷静な分析能力とか、前例に沿ったそつのない対策を立案する能力が必要となってくる。加えて、組織を通して、問題解決を実際に行っていく実行力が問われる。

自分１人の力ではなく、組織を通して問題解決を行うにあたっては、メンバーの和を重んじ、あらかじめ周囲に根回しを行って、無用な対立を生むことなく、集団を管理していくのがよい。グループの中でもまれ、バランス感覚を保ちながら、集団の中で社会化を通して、集団主義的な価値観を身につけていくことが肝心である。

一方、リーダーというのは、将来に直面する問題と向かうべき方向を示していくのが、その役目だ。前例なき不確実な環境の下で、問題をいち早く発見し、将来の方向を定めて、さまざまな可能性を広げていくこと。そして、目標に向けてメンバーが一致団結して努力していくよう、陰日向に影響をもたらすことが、その仕事である。

そもそも問題となるものがはっきりしていないので、周囲と対立してしまうこともある。しかし、対立を恐れず、不都合なことでも見て見ぬふりをしないで、潜在的に問題になりそうなことをはっきりとさせていく態度が必要だ。

本質を直視するがゆえに、嫌なことでも積極的に発言する。周りから浮いてしまうことにもなるが、集団に迎合しない個人主義を貫くと同時に、同調圧力を払拭するために自信とエリート意識を持ち、威厳ある態度で人をリードしていく必要がある。

リーダーシップというのは、人知れず苦労した経験から伸びることが通常だ。だから、集団の中でもまれるというよりも、1人でやっかいなことを引き受けて、腰の重い人たちに働きかけ、周りを動かしていく姿勢というものが、大前提である。自分から率先して物事にかかわっていくイニシアチブ（積極性）とか、セルフスターター（自己始動）といった資質だ。

日光東照宮を訪れた人なら、「見ざる聞かざる言わざる」で有名な三猿を、必ず見物するだろう。3匹の猿は、自分に都合の悪いことや他人の欠点などを見ない、聞かない、言わないのがよいということわざを示している。

「礼にあらざれば視ることなかれ、礼にあらざれば聴くことなかれ、礼にあらざれば言うことなかれ、礼にあらざれば動くことなかれ」[3)] という『論語』（顔淵第12-1）の一節に、元をたどることができる。

左甚五郎作と伝えられる愛嬌のある三猿を愛でていれば、事なかれ主義がしっくりくる感覚があるから不思議だ。自分にとって、また相手にとって都合が悪いことであれば、知らんぷりをして問題を直視しないほうが、収まりがよいと考えてしまう。

皮肉なことに、この三猿の対極にあるのがリーダーシップといえるだろう。「見ざる聞かざる言わざる」とは正反対に、物事をよく見て、よく聞いて、口に出す（see, hear, speak）。

自分個人の考えや信条に従って、組織が抱えている問題点に声を上げる。何か主張を持つ人は面倒くさいという日本の企業文化にあって、組織の弊害を正すために、周りを巻き込んで、小事を大事に変える。そこにリーダーシップがある。

周囲をうかがい、問題を先送りする組織には、リーダーシップはそもそも不要だ。

## 問題解決と問題発見

表2-1にあるように、マネジャーとリーダーを分ける第1の要素は、「問題解決」と「問題発見」である。問題発見と問題解決は、よく聞く言葉だ。企業が求める人材像にも、東京大学が求める学生像にも挙がってくる。変化の激しい時代であれば、どこでも聞かれる、あるあるのポイントだろう。

ただし、マネジャーでもなければリーダーでもない立場の人にとって、この2つを実感することは、易しいことではないかもしれない。どうすれば、問題を問題として認識できるのか？　そして、どうしたら解決に至るのか？

マネジャーに求められる「問題解決」というのは、現在直面している課題を子細に検討して、解決策を見出すことをいう。ビジネスで直面する問題というのは、多くの事情がからまっているから、要素ごとに分けて整理し、部分と部分の関連性を解きほぐして理解することで、初めて解決策が導き出されるように思われている。ビジネススクールが推奨しているアプローチであり、それには合理的思考（ロジカル・シンキング）と左脳的思考が役立つ。

ロジカルに物事を考え、理性的に判断していくのがベスト。そういう考え方が、ビジネス界を支配している。たとえは悪いが、分厚いメガネをかけ、苦虫を噛みつぶした仏頂面で、金銭的感覚とリスクにはきわめて明るく、人間味には欠けるが、常に沈着冷静で理性的に物事を判断できる人。行け行けドンドンで組織が危うくなりそうなときでも、いざとなればブレーキを踏める人。それがビジネススクールで尊ばれる1つの人材像だ。

一方で、問題を発見するというのは、これまでの考え方ではどうにもならない、にっちもさっちもいかない状況や、板挟みのジレンマに陥ったとしても、自由な発想や次元を超えたものの見方から、問題自体を定義し直すことができることである。

問題発見には、創造性や独創性が求められる。ロジックを軸とする垂直思考（バーティカル・シンキング）に対して、考え方に横穴を開ける水平思考（ラテラル・シンキング）とか、右脳的思考がその基盤となる。[4] それは、ケースメソッドでゴリゴリと議論を戦わせるビジネススクールではなくて、近年ちらほら見かけるようになってきたデザインスクール[5] で育成されるものだ。

問題発見ができるのは、きまって独創的な人物である。独創的といえば聞こえはいいが、変わり者といってもよい。誰もが信じられないような突拍子もない考え方で、組織のメンバーを導いていかなければならないこともある。だから、底抜けの楽天家で、人間としての魅力を持っているのがよい。

誰からも好かれる魅力やカリスマを備えた人好きのする人物、それが1つのリーダー像である。リーダーは、たとえていえば、組織を前に進めるエンジンである。現状を維持し、継続を旨とする組織の重力が強く働いている中では、楽天家でなければ、推進力にはならない。

誰彼構わず話しかけ、場を盛り上げるユーモアがある一方で、エネルギッシュで脂ぎった迫力を持つ人だ。親分肌・姉御肌で責任感も強い。

しかし、一歩間違えば詐欺師のようでもあり、見方によってはうさん臭いとか、煙たいと思われることもある。だから、すっかり信じ込んで、何の疑いもなくついていくことはできない。マネジャーもリーダーも、それぞれ良いところもあれば、良くないところもあるものだ。

さて、いろいろと違いを述べてきたが、マネジャーとリーダーの違いをズバリ言い表してみよう。「マネジメントの父」と呼ばれたピーター・ドラッカーは、その違いをたった一言で、こう言い表している。[6]

> Management is doing things right. Leadership is doing the right things.
> （マネジメントは物事を正しく行い、リーダーシップは正しいことをする）

業務をきっちりと正しく実行するのがマネジャーの役割であるとすれば、リーダーの役割は何が正しいことなのか、組織は何を求めていくのか、その方向を定めることである。リーダーとマネジャーの違いに悩んだときには、ドラッカーのこの言葉を頭に刻んでおきたいものである。

## マネジメントの本質を語るたった1つのこと

学者の蘊蓄《うんちく》とか、大学で行った研究の成果というのではなく、働いている人々からたくさん聞き取りを行って、マネジャーとリーダーの違いに深く切り込んだ人もいる。コンサルタント兼作家のマーカス・バッキンガムがその人だ。[7] 彼は、社会調査で有名なギャラップ社に長らく勤めていて、組織で働いているさまざまなレベルの従業員にインタビューを行って、たくさんのストーリーを含んだ知見を紹介している。

バッキンガムが明らかにしたかった問題は、とてもシンプルだ。優れたマネジメントと優れたリーダーシップ。それぞれについて、われわれが知っておかなければならない「たった1つのこと」は何かということである。

たった1つのことというのだから、学者がよくやるように複雑思考で、あれも大事これも重要と、つべこべ難しいことは言わない。シンプルに、物事の本質をズバリつかみたいという衝動に駆られている。

つまり、マネジメントとリーダーシップについて、有名企業だけでなく、いろいろな現場に当てはまる普遍的な原理とか、すぐには明らかにされない隠された原則が何なのかを、明らかにしようとしたのである。

バッキンガムが見出した答えは何か？

まず、マネジメントについていえば、「優れたマネジャーとは、部下1人ひとりの才能や知識や経験を、業績に結びつけるのがうまい」ということである。予算計画やマーケティング、業務の実施と管理、情報技術など、さまざまな役割をこなさなければならない現代のマネジャーにとっては、ちょっと意外かもしれないが、マネジメントの最も重要な職務は、仕事の質を保つことでも、顧客サービスを徹底させることでも、目標を定めることでもない。

そうではなくて、マネジャーが取り組むべき最も重要な役目は、部下やメンバー１人ひとりの強みと弱みを認識し、強みのほうに焦点を当てて、どうすればその強みが本人とチームの成果につながるのか、その最適な方法を見つけることなのである。

たとえば、何時間も飽きずに商品の整理ができる人、顧客に寄り添い顧客の悩みを解消するのが好きな人、数字を眺めてそのパターンや全体像を把握するのがうまい人、話し好きで人前でプレゼンテーションをするのが得意な人など。

メンバー１人ひとりには、それぞれ得手不得手がある。本人も気づいていない得意技を持っていることもある。組織で仕事をする以上、その特長を生かさない手はない。個人の強みを伸ばして、本人とチームの成果につなげていくことこそが、マネジャーとしての本領発揮だ。



## チェッカーとチェスのアナロジー

マネジメントの本質をつかむために、バッキンガムが用意しているのは、チェッカーとチェスのアナロジーである。まずは、チェッカーとチェスを頭に思い浮かべてほしい。

チェッカーとチェス

チェッカーと聞いて、チェッカーフラッグ柄（タータンチェック？）のジャケットを着た藤井フミヤを思い浮かべた人は重症だ。「♪あぁ、わかってくれとは言わないが」、チェッカーを知らないと話が進まないで困るから、説明しよう。

チェッカーとは、8×8マスのチェス盤を使って行うボードゲームである。チェス盤の黒マスの上に、白と黒の平たいコマをそれぞれ3列に12個置く。白と黒のコマが交互に、右斜めか左斜めに1マスずつ進み、相手のコマを飛び越したら、そのコマを取ることができる。そして、盤面にある相手のコマを全部取ったほうが勝ちだ。

一方のチェスは、ご存じのように、世界最強の頭脳ゲームである。最近では、人対人ではなく、コンピュータ対コンピュータの熾烈な戦いも繰り広げられているから、スゴイ。

チェスは「西洋将棋」と訳されることもあり、将棋と似た特徴を持っている。ポーン（兜を被った兵士のこと。将棋の「歩兵」にあたる）、ルーク（車輪のついた塔の形をした戦車のこと。「飛車」にあたる）、ナイト（馬に乗った騎士のこと。「桂馬」にあたる）、ビショップ（法衣を着た僧侶のこと。「角行」にあたる）、クイーン（冠を戴いた女王のこと。「飛車」と「角行」を合わせた全能の働きをする）というそれぞれ動きに違いがある16個のコマを使って、相手のキング（王冠を戴いた王将）をチェックメイトする（詰む）。

では、皆さんにクイズを1つ。

Q：チェッカーとチェスの違いは何でしょうか？

たいていの人であれば、「チェスのほうが難しい」とか、「チェスは戦略を必要とする」と答えるだろう。ブッブー（不正解の音）。残念。

正解は、チェッカーのコマはみな同じ動きをするが、チェスのコマはそれぞれ異なる動きをすることだ。チェス盤を使った同じ台の上で、チェッカーとチェスとの間には、超えられないほどの大きな考え方の違いがある。

マネジメントでも、まったく同じことがいえる。

平凡なマネジャーは、部下を使ってチェッカーをする。部下はみな同じ。同じくらいの能力があって、同じくらい努力する。みんな適当に頑張っているのだが、そこそこにしか頼りにならない。だから、同じ目標を与えて、不公平が起きないように同じように扱えば、同じように成果をあげるし、同じように学んで成長すると考えている。
何でも同じ、同じ、同じがいい。一律平等が基本原則だと信じている。
心当たりはないだろうか？　たとえば、新たに配属された人だから、仕事を覚えてもらうために、みんなと同じような仕事を割り当てる。本人の好きと嫌いを聞かず、得意不得意に配慮せず、全員に同じような役割を担わせる。それが平等というものだ。
また、別のマネジャーは、高い成果を出してくれる部下をかわいがり、仕事が早く、能力が高いメンバーだけを大事にする。能力主義や成果主義が当たり前の時代だから、能力や成果が高いメンバーに頼ったり、ハイパフォーマーを抜擢して、処遇に違いをつけることもまかり通っている。
行き過ぎた平等は良くないと固く信じているから、かえって、一握りの部下をひいきすることにも抵抗がない。
一方、優れたマネジャーはチェスをする。チェスのコマはそれぞれ持ち味が違う。それを直感的に理解している。1人の部下の得意分野は、他の部下の不得意とするところかもしれない。みんなが同じことを望んでいるわけではないし、態度や行動や学び方がそれぞれ違うものだ。だから、個人の持ち味を理解し、相手のキングをチェックメイトするというチームの目標に向かって、全体的な戦略の中にコマ独自の動きを組み込んでいく。
優れたマネジャーは個人の違いを認めて、適材適所が基本前提だと考えている。当然、処遇にも格差が生じるから、全体への貢献に見合った応報のバランスを大事にする。
この2つの対比から、人材マネジメントの要諦――すなわち、肝心なポイント――をしっかり頭に刻んでいただけただろうか？

## 戦国武将に学ぶ人材マネジメント

マネジメントの要諦は、西洋に限ったことではない。たとえば、戦国時代の武将、細川忠興である。明智光秀の娘ガラシャの夫としても知られる忠興が、家督を継ぐ息子の忠利に語った当主としての心得はよく知られている。[8]

> 家中の者どもは将棋のコマと思ふべし。コマはそれぞれの働きあり。

「家臣を将棋のコマと思え」という心得。忠興の武運からすれば、なんと残酷に、突き放したように聞こえてしまうが、それが意味するところは、部下を将棋のコマのように、好き勝手に使ってよいということではまったくない。

将棋のコマになぞらえて、人にはそれぞれの持ち味があるから、その働きを活かしていくのがよいというのが、本当に伝えたかったことである。

「桂馬は頭を歩でつかれると、どうにもならないが、一枚隔て筋違い飛び（2マス進んで右か左）の働きをする。それは飛車にも角行にもまねできない。人もこのように、ある場面では役立たずでも、他の役目で大変重宝することがある」と、忠興は続けている。それを次代の当主に諭しているわけだ。

マーカス・バッキンガムが一生懸命調査して割り出した結論を、400年も昔に、自らの知恵と経験から悟っているなんて、見上げたものだ。さすがは、美人で名高いガラシャを射止めた男。

一方、将棋川柳に「へぼ将棋　王より飛車を　かわいがり」というのがある。飛車という、最も使い勝手があって、上下左右に奮迅の活躍をするコマを、やみくもに優遇する。下手な将棋指しによく見られることだ。それがシャレっぽく読まれている。

うまい棋士なら、一握りのコマだけに100％頼ってしまうのではなく、コマそれぞれの持ち味を活かし、持ちゴマすべてを使った指し手や、全体的な戦略を大切にする。特別な部下だけを猫かわいがりしたり（犬かわいがりとは言わない）、学校の先生のように、デキる人もデキない人も、全員を一律に扱ったりすることはない。

わが国の文化に深く根差した心得を見ても、チェッカーとチェスの対比に通じる人材マネジメントの悟りがある。

# マネジャーの才覚とリーダーの素養

chapter 3

## 部下の強みと弱みを見極める才覚

前章では、チェッカーとチェスのアナロジーを使って、優れたマネジャーの役割を説明した。リーダーシップについて深く掘り下げていく前に、ちょっと遠回りをして、人材をマネジメントする立場のマネジャーに求められる資質について、取り上げてみることにしよう。

優れたマネジャーはチェスをする。それがポイントだ。では、どのようにすれば、部下を使って、上手にチェスができるのか？

マーカス・バッキンガムによれば、マネジャーに必要なのは、たった2つの才覚である。[1) ]それは、人の違いを感じ取る目と、人を教えることへの興味である。生まれつきのものと思われるかもしれないが、優れたマネジャーになろうとするならば、意識して身につけておきたいものである。

人の強みと弱みを見極めることが第1の才覚である。人の違いを感じ取る目。これがなければ、何も始まらない。

とはいえ、他人の強みと弱みというのは、なかなかわからないものでもある。「言うは易し行うは難し」だから、人の強みと弱みへの関心の向け方に注目したい。

最高のマネジャーは、部下の欠点ではなく、強みのほうに関心が行く。メンバーのどこがスゴイのか、どうして自分にないものを持っているのかにアンテナが向く。学歴とか性別とかの先入観を持たないで、素直に自分とメンバーを比べてみて気がつくことは、誰もが同じような能力や、似たような才能を持っているわけではないということだ。

１人ひとりの持ち味はそれぞれ違っているので、同じ土俵で競争するわけではない。だから、自分にないものを持っているメンバーに、素直に感心することができる。自分にないものをうまく使えば、チームや組織にプラスに働くことを、本能的に知っている。

一方、平凡なマネジャーは、組織に入れば誰もが同じような才能で勝負すべきだから、部下に欠けている能力や弱みのほうに目が行ってしまう。たいていの場合、経験が豊かな自分のほうが、優れた能力や幅広い知識を持っているので、部下の至らないところが、いちいち目に留まる。メンバーのどこが足りないのか、どうすれば弱みをなくせるのかが、気になって仕方がない。

熱心なマネジャーであればあるほど、部下の欠点や弱みを埋めていくことが、上司たる自分の責務であると考える。学校の先生のように、強い責任感を持って、みんなを１つの枠に押し込んでいく。「鋳型にはめるのが人材教育ではない」と理解していながら、全員を一律に平等に扱い、あくまで上から目線で叱咤する。すると、責任感の強さがあだになる。

根っから人を教えることに関心がある上司でなければ、さらにややこしい。「芸は盗め」と先輩から言われて、誰からも丁寧に教えてもらった経験がなく、あれこれ失敗して、叱られて伸びてきた世代であれば、部下を褒めて伸ばすというのが、どうも歯がゆくて仕方がない。

褒められた経験とか、コーチングを受けて強みが伸びた経験が少ないので、ヘソが曲がっていて、人材育成の本質は叱ることだと信じて疑わない。叱って伸ばすことが、「愛のムチだ」とうそぶいている。しかし、ひねた性格のままで上司や先輩が教育を行えば、せっかくの育成の機会を、無知と無恥で上塗りしてしまう。

アングルを変えて、人材育成について考えてみよう。

夏休みの学習塾では、「苦手克服」がテーマとなることはご存じだろう。英数国理社の五教科で、点数が取れない科目に集中して、遅れを挽回するのが、夏休みの中心課題だと思われている。ふつうはこれが塾の方針だし、塾に子どもを通わせる親の心にグサリと来る殺し文句だ。

しかし、この四字熟語はどこかしっくりこない。

試験に受かるという点からすれば、欠点のないバランスのとれた能力を持つことこそが、求められる生徒像だろう。これが学習塾の教育の1つの神髄だし、逆に限界でもある。苦手克服はあくまで欠点や弱点の修正であって、「得意科目を伸ばす」という本来の学習の目標にはならないからだ。

反対に、経営組織であれば、ある面では大変な不利を抱えていながら、別の面で、得意分野を伸ばすことで、初めて競争力を持つことができる。人にはとうていマネのできない強みを持つ人材を探り出し、育て上げることが大切である。その積み上げがあってこそ、他社がマネできないコアコンピタンスを獲得することができるのだ。

競争の下で発揮される自社の強みというのは、他社にはマネされないナレッジやノウハウやリソースにある。経営戦略論でいうリソースの「模倣困難性」というやつだ。[2)]

得意を伸ばし秀でる。その極意は、宮本武蔵が『五輪書』に示した言葉「一道万芸に通ず」である。

1つの才能を究めていけば、他のことにも通じる。1つのことに専念して、それだけを伸ばしていけば、かえって、あらゆることを学ぶための素地を身につけることができるということだ。

「芸は身を助ける」のだから、一芸に秀でるスペシャリストは、どんな組織でも重宝される。とことん自己の専門性を伸ばしていくのが、それも2つ以上の専門性を高めていくのが、アフターコロナの人材育成だ。反対に、自分の強みをはっきりと認識しないで、何でもソツなくこなせることをよしとしてきた人は、少しばかり心構えを改めてほしい。

「苦手克服、不得意をなくすこと」と、学習塾で口が酸っぱくなるほど言われた受験生や、その親には気の毒だが、多くの才能をバランス良く身につけることで、かえって強みがなくなってしまうこともある。そこそこ上手にこなせるゼネラリストは、その利便性が買われて、1つの組織で上に昇るには都合が良い。しかし、組織が変われば、「器用貧乏」で、大成しないこともある。

「多芸は無芸」であると心得たい。

## 人を教えるのが好きという才覚

優れたマネジャーが備えている第2の才覚。それは、人を教えることが好きかどうかだ。教えることに興味があるというのは、人を伸ばすためには自然なことである。教え上手のマネジャーというのは、人材育成には欠かせない。

職場の人材育成といえば、もっぱら大人が対象になるので、よく知られた子どもの学習とはわけが違う。成人学習理論《アンドラゴジー》によれば、成人が学ぶためには、小中学生に教えるように、大事な要素や単元を教科書のように整理して講義するのは得策ではない。

それより、教科書に書かれていない現実の課題に向き合って、課題解決を通して自立的に学んでいくほうが効果的なのだ。

要点を整理してわかりやすく教える伝統的な教師モデルはNG。それよりも、ゴールだけを与えて、決して目標に至る道（正解）を言わず、本人の話をよく聴いたり、本人と一緒に伴走するコーチの役割のほうが適している。

そもそも、部下を管理したい、自分の言うとおりに従わせたいと思うマネジャーもいるだろう。一方、部下を伸ばしたい、才能を開花させたいと思うマネジャーもいる。

プロ野球やサッカー日本代表であれば、時として、プレーヤーよりも監督のほうが有名になることがある。アスリートファースト（選手第一）というモットーはどこかに置き忘れて、選手を管理監督する立場のマネジャーやヘッドコーチのほうが、優位に立ってしまう。

東洋では、コーチや指導者が先生で、プレーヤーは生徒という上下関係が生じやすい。コーチが選手をサポートする専門職として、選手と対等もしくは選手の陰に回るような、ちょっぴりドライな契約的関係にあるわけではない。ついつい上下関係が生まれ、何かと逆らいにくい雰囲気になってしまう。そんな学校教育場面での役割関係が、企業の中にも、スポーツチームにも入り込んでくる。

だから、人を教えるにあたっても、伝統的な教師モデルを捨て去らなければならないのだ。

おわかりだろうか？　優れたマネジャーであろうとすれば、上から目線で指示命令を出し、監督指導の色が濃い伝統的なマネジャーではなく、プレーヤーといろいろと話し合って、相手の良さを伸ばすコーチングに長けたマネジャーをめざすのがよい。人が成長するのを見るのが本当に好き（´艸｀）♡と思えることが大事だ。

「名選手は名監督にあらず」。実績を残した名選手が、監督となって結果を残すことは、なかなか難しいことを言っている。選手に必要な素質と、監督に必要な素質は違う。

名選手がその実績を買われて監督になれば、自分のやり方に固執し、部下に押しつけるような管理監督の仕方がまかり通る。選手としてのキャリアが振るわなかった人であれば、教え上手でなければ指導者になれない。そういうものだ。

自分の果たせなかった実績を、メンバーが代わって果たしてくれて、一緒に喜べる。次代の人材を育てるのに熱心で、本人の成長がわが事のように嬉しい。そんな喜びを自然と感じられることこそが、平凡なマネジャーと優れたマネジャーを分けるポイントなのだ。

## 成人学習の３類型

大人の学び方には、大きく分けて３種類あることはご存じだろうか。

第１は、経験だ。成人を教育する最高の方法は、新しい状況に放り込んで、ぶっつけ本番でさまざまな経験を行うことである。大人の場合、試行錯誤（トライ・アンド・エラー）も行き詰まりも修羅場も、すべて学習プロセスの欠くことのできない一部である。

大人の最高の学びには、きびしい経験がなければならない。「失敗から学ぶ」といえば聞こえはいいが、ミスや失敗や苦い経験をしてこそ、本当の学びがある。

NHKの連続テレビ小説『まんぷく』（安藤サクラ・長谷川博己主演、2018年）のモデルとなった日清食品創業者の安藤百福は、こう回想している。

> 「私が無一文になったとき、『失ったのは財産だけではないか、その分だけ経験が血や肉となって身についた』と考えた。すると、新たな勇気が湧いてきた」[3]

経験したことを振り返り、内省して持論化したり、過去の経験とつなげて、これまで学んだことを教訓とする。大人は、学習のためのリソースとなりうる過去の経験の蓄積を持っている。だから、教科書から学ぶというより、経験を通して学んでいくことのほうが、効果が大きい。

ケース・ウェスタン・リザーブ大学のデイヴィッド・コルブは、経験から学ぶ一連のプロセスを理論化し、「経験学習」と呼んだ。[4] 経験学習理論では、①仕事を通して具体的な経験を積み（具体的経験）、②その内容を振り返って自己省察し（内省的観察）、③他の場面にも応用できるような教訓や持論として抽象化し（抽象的概念化）、④新たな場面に実際に応用する（能動的実験）という学習サイクルを、図3-1のようにモデル化している。

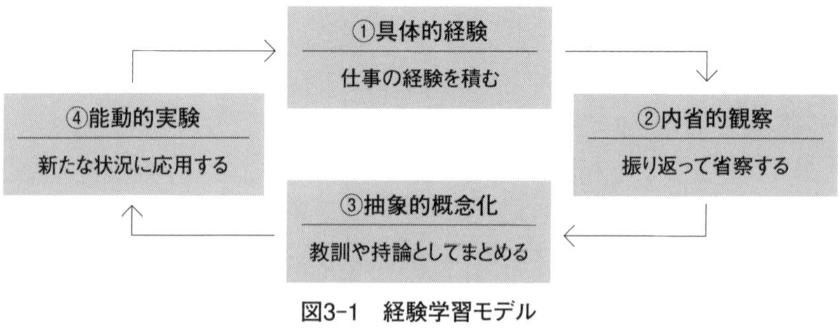


図3-1　経験学習モデル

経験を通して人は学習するという考え方は、組織における人材育成にはとても相性が良い。たいていの人は、仕事をしながら仕事を覚えるからだ。だから仕事を通じて学ぶOJTの理論的支柱となっている。

経験学習理論が示唆するところを受ければ、人材育成を行っていくためには、いろいろと仕事経験を積んでいくことが必要だ。定期的に配置転換をしたり、仕事とは直接かかわらないボランティア活動をするなど、メンバーが新しい経験を積む機会、学ぶ機会を増やしていくのも、マネジャーの務めである。

あれこれ事細かに口を挟まずに、黙ってチャンスを与えて、経験を積ませること。そして、部下が身につけた教訓を言葉にするための、聞き役に回るのがよい。

第2は、観察と模倣である。「人のふり見てわがふり直せ」のことわざにあるとおり、大人は他人の行動を見て、悪いところはそうしないようにするし、良いところはマネして、新しい行動を身につけていく。

自分が直接に経験したことだけでなく、モデルとなる人を見て学んだり、マネをすることによって、行動の幅を増やしていく。スタンフォード大学のアルバート・バンデューラは、このような学習の仕方を、「観察学習」と呼んだ。[5]

自分でやってみて、失敗や工夫を重ねて、直接の経験から学ぶのが経験学習であるとすれば、自分ではやらずに、他者の体験を見聞きすることは代理の経験であり、それによって観察学習が生じる。モデルとなる人の行動を見て、マネをすることがその基本だから、模倣は観察学習の1つである。

観察学習は、①モデルとなる行動に注意を向け、観察すること（注意）、②観察したことを覚えておくこと（保持）、③記憶した行動を頭で再生してみたり、実際に行ってみること（再生）、④その行動をやってみたいと思うこと（動機づけ）という4つのプロセスを経て進んでいく（図3-2）。

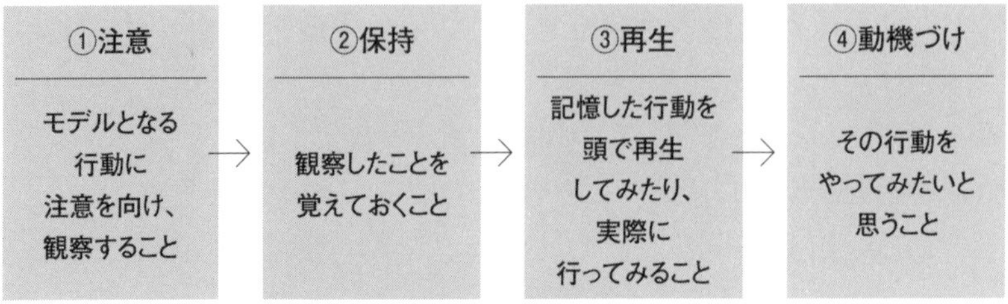


図3-2　観察学習モデル

バンデューラが理論化する前に、観察学習を人材育成の要諦として指摘している人物がいる。連合艦隊長官・山本五十六の語録として、あまりに有名な句にはこうある。

やってみせ　言って聞かせて　させてみて　褒めてやらねば
人は動かじ

注意を喚起し、記憶を保持させて、実際に再生させてみるとともに、褒めてやる気にさせる。真珠湾攻撃に備えて、空母赤城の艦載機搭乗員に、執拗に訓練を施した長官の心境は、いかばかりであったのか。

第３は分析である。要素をバラバラに分解し、その要素を調べたり、要素と要素の関係を一から組み立て直したりして、全体を理解していく。また、文献を通して調べ学習を行い、要素の働きについての理屈を知ることによって、深い理解を持つことができる。

要素を分けて学習するのは伝統的であり、教科書を読んだり、レクチャーを聞いたりして体系的に教育されることが多い。小中学生の頃から、たっぷりと慣れ親しんでいる。だから、本を読んで勉強するのが苦にならないタイプであれば、「分析学習」によって、物事の中核部分をしっかりと把握することができる。

分析学習を得意とする人は、冷静に論理的に組み立てて学習を進めるために、逆に、間違いを犯すことをひどく嫌う。トライ・アンド・エラーなんてもってのほかと感じるかもしれない。あらかじめ入念に準備をするのは、ミスをして恥をかきたくないからであり、間違いが起こる可能性を最小限にしたいからである。

知識と分析という分析学習の特長を見れば、理系学生の勉強の仕方がイメージされる。だから、職場には当てはまりにくいと思われるかもしれない。だいたい、職場の出来事とか経営事象というのは、サイエンスとは違って、要素と要素を見分けること自体が難しいし、要素間の関係といっても、さまざまに入り組んでいるので、一筋縄ではいかないものだ。

たとえば、メンバーのやる気をアップさせる方法を学びたいと考えるとしよう。モチベーションに影響する要素として、あなたならいくつ思いつくだろうか？　お金か、仕事の中身か、人間関係か、はたまた職場の雰囲気か？

分析学習であれば、それぞれの要素について、経営学や組織行動学に関する勉強をして頭を整理し、職場に当てはめて考えてみる必要がある。だから、分析学習を好む人には、たっぷりと学習時間を与えること。それが肝心だ。

OJTのように、仕事をしながら片手間に学ぶというわけにはいかない。

| 経験学習 | 観察学習 | 分析学習 |
|---|---|---|
| ・経験を通して学ぶ<br>・試行錯誤<br>（トライ・アンド・エラー）<br>・経験の内省・省察<br>・OJT | ・他人の行動を見聞きして学ぶ<br>・モデルを模倣する<br>・観察<br>・モデリング | ・要素を分解し、関係を調べる<br>・理屈を知る<br>・レクチャー<br>・調べ学習 |

**表3-1　成人学習の3類型**

さて、「経験学習」「観察学習」「分析学習」の3つの学び方には、それぞれ特長がある。それでは、どれが良いのだろうか？　優秀なマネジャーとして、メンバーの持ち味を最大限伸ばしていこうとすれば、どの学習法に頼って、部下育成を行っていけばよいのだろうか？

大人はそれぞれ、学習の仕方にも好き嫌いがあるから、本人に合った学習法を見つけ出していくのがよい。3つの学習の仕方には、それぞれに強みと弱みがあるから、その人とその場に合った方法を選ぶのがよい。

そういう答えは常套句でもあり、逃げの文句でもある。最適解は人と状況によるというのは、あまりに正論すぎて反論もできない。

しかし、そういわれても困るというマネジャーであれば、「70：20：10の法則」[6] を頭の片隅に置いておきたい。

「70：20：10の法則」とは、マイケル・ロンバルドとロバート・アイチンガーという2人のコンサルタントが、約200名の経営幹部に対して、これまで自身が学んできた学習機会について調べた結果である。

職場で起こる成長や学習の機会は、その70％が仕事経験からもたらされる。次の20％が人を介した学びである。モデルとなる人の行動を観察したり、マネたり、メンターにあたる人から直接に薫陶を受けたりすることだ。残りの10％は、研修や自己啓発から得られる。

粗い調査なのでざっくりした感触しかわからないが、「70：20：10の法則」という名前だから、あたかも黄金比のような響きがある。人事関係者の直感に訴えかけたこともあって、よく浸透している。

この黄金比を、職場の成人学習理論に当てはめてみれば、メンバーの学習の70％は「経験学習」、20％は「観察学習」、10％は「分析学習」から起こると言い換えてもよいだろう。

**図3-3　成人学習の70:20:10の法則**

ははぁと納得されたなら、後は職場の部下育成で実践してみるとよいだろう。

自由放任で、本人のやりたいようにさせるのではうまくない。人を教えることに興味があること、部下が成長するのを見るのが好きなことが、優れたマネジャーの才覚なのだから、部下の発達をいつも気にかけていることを忘れないようにしたい。

母親であれば、あるいは、イクメン・イクジイであれば直感的にわかるだろうが、部下の能力開発を、あたかもわが子とわが孫の成長を見守るように心がけたい。

## 優れたリーダーは右脳を大事にする

さて、もう一方のリーダーシップに話を移そう。優れたリーダーシップとは何か？

この質問に対して、マーカス・バッキンガムが出した答えはこうだ。

「優れたリーダーは、より良い未来を描き、人々を団結させる」[7]

リーダーは未来への関心を持つ。現在や過去の経緯ではなく、何よりも未来に目を向ける。そして、頭の中で組織や社会の未来のありようを、くっきりと描くことができる。その未来像を、言葉や絵や数字を使って、人々の心の中にしっかりと植えつけることができる。つまり、人を引きつけるビジョンを描き伝えるのが、リーダーの役割なのである。

平凡なわれわれには思いもつかないが、不世出のリーダーには未来がありありと見え、それが頭から離れることはない。より良い未来への強い衝動に動かされて、それを実現するために、周囲をどんどん巻き込んでいくのである。

松下電器産業（現パナソニック）創業者の松下幸之助は、「公園の水道水を飲んでも誰にも咎められない。それは量が多く、価格があまりにも安いからである。産業人の使命も、水道の水の如く、物資を無尽蔵にたらしめ、無代に等しい価格で提供することにある」と言った。[8] まだ電器製品が普及していない時代に、かの有名な「水道哲学」を論じたのである。

また、ソフトバンクの創業者・孫正義は、「売上高を豆腐のように一丁（兆）、二丁（兆）と数えるような会社にしたい」と、ソフトバンクの将来について、周りに呆れられるような「豆腐屋哲学」を語った。[9] リーダーの突拍子もない考え方は、やがて共感を呼び、メンバーに浸透していく。

ビジョンというのは、決して数字や計画ではないし、また、「べき論」で語られる理想や道理でもない。ビジョンとして語られる未来像は、現在の延長としてまとめられた事業計画とか、義務と責任を伴う必達目標でもない。

計画や目標といったチマチマした将来設計を、未来と取り違えたり、「べき！べき！」と大声で叫んで、自分の価値観を押しつける人には、ビジョンはとうてい描けないだろう。

未来は見通せない。不確実だから不安を呼び起こす。だからこそ、未来を予見するビジョンというのは、誰もが共感できるものでなければならない。ビジョンで人を動かすには、共感《エンパシー》こそが何より大切である。

ビジネスの世界では、理性が往々にして幅を利かせている。MBA プログラムでは、二言目には、「論理的に思考すること（ロジカル・シンキング）」「批判的に考えること（クリティカル・シンキング）」と、理性面ばかりが強調される。

会議やプレゼンテーションの席でも、「その企画はスジが通ってない！」と、ロジックや妥当性についてのコメントがつけられることが多い。

そんなビジネス界でも、未来を創っていこうとすれば、理性よりも共感を優先するのがよいことを忘れてはならない。

ビジョンというのは、リーダーの頭の中に突然、前触れもなく、直感的に浮かんでくるものである。ただし、1 人の人の頭の中に浮かんだ未来像なので、それが周りに伝わり共感されて、初めてビジョンに変わる。リーダーの頭の中に浮かんだイメージが、周りの人の頭にも浮かんでくることが、ビジョンの神髄なのだ。

ビジョンとして語られる未来像が実現に至るためには、周りからの共感がなければならない。命令してもダメ。ワクワクするような未来に向けて、みんなの努力が自然にビジョンの実現に向かうようでなければならない。

指示命令ではなく、周りを巻き込んで、その実現に向けてメンバーの努力を結集する。それがリーダーの姿である。だからこそ、共感が推進力になる。

未来は過去の延長にない。だから、過去から推論して理性的に考えても、未来はわからない。過去の成功にとらわれ、データから論理的に考察しても、そこに未来はない。

理性よりも感性。論理よりも直感。理詰めより共感。

リーダーともなれば、左脳（理性・論理・理詰め）より右脳（感性・直感・共感）のほうが大切なこともある。せっかく身につけてきた理性を少し割り引いて、右脳に光を当てたい。



## リーダーにとって必要な素養

では、肝心要のリーダーには、どんな素養が必要なのか？

より良い未来に向かって人々を団結させるために、リーダーに絶対必要な資質として、ナンバーワンに挙げられるものといったら、いったい何だろうか？

きっと、いろいろなことが想像されるだろう。たくさんありすぎて、まとまりがつかないかもしれない。

たとえば、「情熱」というのはどうだろう。リーダーは、ふつうの人にはない情熱を持っていること。あまたの苦労を乗り越えて未来に向かうために、周りの人を元気づけていかなければならない。リーダーには、余りある情熱が必要だ。

しかし、熱っぽく語るリーダーは、その情熱と熱意で、一時的に周りを力づけることができるが、長続きはしないものだ。燃え上がる恋のように、情熱はいつかは冷めることを知っているから、情熱たっぷりな人を見ると、ついつい周りも疑り深くなってしまう。だから、「情熱」はナンバーワンの資質ではない。

「一貫」した態度というのも大切だ。これはどうだろう。

言行一致とか首尾一貫した態度は人を安心させるし、高い道徳観や倫理観は上に立つ人にとって求められるものである。一方で、組織が置かれている環境や状況が、刻々と変化するというのも、現代ならではのことだ。

だから、一貫性にこだわりすぎるのはうまくない。周囲の目には融通の利かない、柔軟性の乏しい人物に映ってしまう。臨機応変に一貫性を保つというのは、一見よさそうだが、なんだか自己矛盾を起こしている。

リーダーの素養とは、経験から身につけた態度や行動であり、生まれつきの属性でない。中世であれば、生まれがリーダーの絶対条件だったようだが、21 世紀の現代では、生まれの影響はそう多くない。

リーダーに適した性格というものがあるとしても、リーダーシップは生まれつきのものではない。あくまで経験と学習によって、後天的に身につけたものである。大勢を巻き込んだり、修羅場を経験して、もまれて身につけるものだ。

経験を通して身につけていくリーダーとしての素養として、たった 1 つを挙げるとすれば、それは「明快さ」である。言動や態度がはっきりして、わかりやすいことだ。

煮え切らない態度でモゴモゴ言ったり、答弁書を間違えずに読めばおしまいというわけにはいかない。自分の考えを、自分の言葉や自分なりの方法ではっきりと伝えることが、何にもまして求められるのがリーダーである。

人を引きつけて離さないようなビジョンを描くのが、リーダーの役目だと先に述べた。未来の姿を鮮やかに、イキイキとメンバーの頭の中に送り届けることがリーダーの務めなら、複雑さは禁物である。

言葉、比喩（たとえ話）、写真、映像、行動などを通して、わかりやすくビジョンを示すこと。まだ見ぬ未来に進むには、いろいろな不安が湧き上がってくるものだから、周りにはっきりと将来像を明言しなければならない。

皮肉なことだが、経営戦略を練るにあたって、リーダーは決してバランス・スコアカード（BSC）に頼ってはいけない。確かに、BSC を使って、あらゆる組織成果の数字を記録し、そこに数字のバランスをとれば、複雑な世界にある種の秩序をもたらすことができる。[10] 分析的な脳の構造をしている人ならば、その数字で納得するかもしれない。それはあくまで管理会計の話である。

ふつうの従業員は、スコアやバランスを気にしてはいないし、考慮すべき基準が複雑すぎる。従業員の頭を混乱させ、不安にさせる。せっかくの努力がアダとなって、かえって自信を失わせてしまう。また、細かな数字はビジョンとも対立してしまうだろう。

明快さは不安の解毒剤である。言質をとられたくないからといって、口幅ったく持って回った言い方をすれば、かえって不安に拍車がかかるものだ。未来に向かって人を率いるなら、複雑さに大胆に切り込んで、方針を1つだけに絞ることだ。

シンプルに、真摯に。そして、自分の言葉で。

## 楽観脳と悲観脳

それでは、皆さんにクイズをもう1つ。

Q：リーダーの反対語は何でしょうか？

制限時間1分で、答えを出してほしい。難しいと思う人には、ヒントを差し上げよう。そのヒントは、「ファロワーではありません」。

ファイナルアンサー？

ブッブー（不正解の音）。またしても残念。答えは、「悲観主義者」だ。

リーダーは、まだ見ぬ未来に向けて、人を導いていかなければならない。その道は険しいし、ついてくる人たちも、不安や心配で心がいっぱいだろう。そんなときでも皆を励まし、自分が描いた未来に向けて、一致団結して進んでいかなければならない。だからリーダーには、バカバカしいほど楽天的で、周囲を元気づけるパワーが求められる。

経済学では、古典的に、合理的な計算によって、利益が最大化するように動くと考えてきた。「損得勘定」とか「そろばんずく」というやつだ。だが実際には、冷静な計算に基づいて行動するのではない。

ノーベル経済学賞を受賞した心理学者であるプリンストン大学のダニエル・カーネマンは、人が利益よりも損失のほうに強く反応することを実験的に示し、プロスペクト理論を構築した。[11] 得と損では、額は同じでも、意味は違う。われわれには、「儲けたい」「得をしたい」という気持ちよりも、「損をしたくない」という気持ちが強く働くものなのだ。

心理学では、ポジティブな出来事よりも、ネガティブな出来事に強く反応し、記憶にも残りやすいことが知られている。「ネガティビティ（悲観）・バイアス」と呼ばれる現象である。

悲観は楽観より、われわれを動かす力が強い。進化心理学が明らかにしてきたことが、この真実である。[12] 美味しいものを食べたり、モテたりするより、目の前にある危険《リスク》やトラブルに注意を向けるほうが、サバイバルのためには都合が良い。

恐怖や不安を感じれば、脳の非常ボタンが押されたような状態になり、脳は緊急事態に対応すべく、血中にアドレナリンを放出し、瞳孔が開き、呼吸と心拍数が上がる。戦うのか逃げるのか《ファイト・オア・フライト》という、危機への迅速な対応のための準備モードに入る。

悲観の回路は一瞬で作動し、他の活動のすべてを中止させるほど強力で、われわれの注意と行動を、すべて危険のほうに向けさせる。この認知行動性向は、人間が進化の過程で身につけてきたものだと考えられている。

悲観は楽観に勝る。不安や恐怖は、われわれの行動を支配する。だから、悲観的リーダーが上に立ったとしたら、その組織は悲劇である。「危機感によるマネジメント」という言葉があったが、従業員の危機感を煽ることは、ダラダラとして緊張感のなかった最初のときには良くても、結局は、組織全体の悲観に油を注いでしまう。

イソップ寓話に「オオカミ少年」という話がある。羊飼いの少年が「オオカミが来た！」と叫べば、周りの大人が驚いて武器を持ってすぐに駆けつける。その効果は絶大だが、長続きはしない。何度も危機を煽っていると、最後には自分がオオカミ（危機）に食われてしまうのがオチだ。

「悲観主義者は、あらゆる好機の中に困難を見出す。楽観主義者は、あらゆる困難の中に好機を見出す」とイギリスの宰相ウィンストン・チャーチルは言った。組織や社会を良い方向に導こうとすれば、リーダーは常に楽観的な見方をしなければならない。

リーダーの反対語は悲観主義者というクイズの答え。その意味は、リーダーは楽観主義でなければならないということだ。リーダーたるもの、往々にして悲観的になりがちなメンバーに向かって、その悲観を打ち消すほどの圧倒的な楽観の持ち主でなければならないのである。

周りのメンバーが力を失っていたら、「世界一熱い男」松岡修造のように全力で励ますのがよい。「次に叩く1回で、その壁は破れるかもしれない」

人間には、快楽や報酬に反応する神経系（側《そく》坐《ざ》核《かく》を中心とした快感中枢）と、不安や恐怖が支配する神経系（扁桃体《へんとうたい》を中心とした恐怖中枢）が、別々の脳の仕組みとして成り立っている。オックスフォード大学のエレーヌ・フォックスは、それを「サニーブレイン」（お天気脳・楽観脳）と「レイニーブレイン」（雨降り脳・悲観脳）と呼んだ。[13]

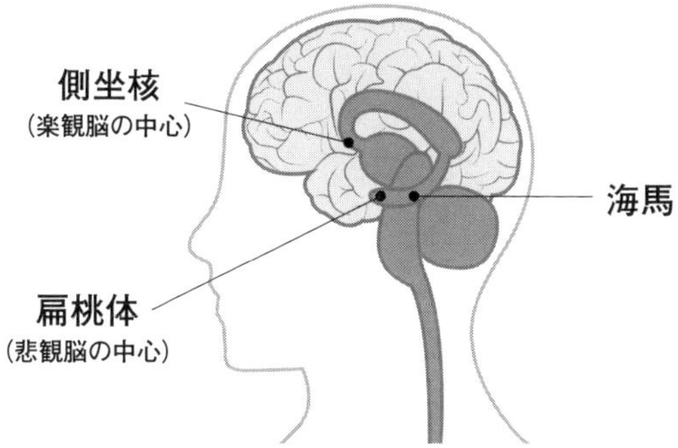


図3-4　楽観脳と悲観脳

食べ物や異性などの魅力的なものに近づき、危機や外敵などの危険から逃げるというのは、ゾウリムシのような単細胞生物から、人間のような複雑な生命体にまで共通の本能である。ここで問題になるのは、人間であれば、実際の快感や現実の危険ではなく、ものの見方や考え方（認知）によって、脳の快感中枢と恐怖中枢が動かされるということだ。

楽観的なものの見方をする人は、快適さや希望といったポジティブな脳の中枢が喚起されやすく、その結果、良い出来事を呼び込むことが多くなる。反対に、悲観的なものの見方をする人は、不安や恐怖といったネガティブな脳の中枢に支配されやすく、結果として、良くないことばかりに遭遇してしまうのである。

## 心に描いたとおりになる

楽観主義と悲観主義という特徴あるものの見方（認知バイアスとも捉えられる認識枠組み）によって、楽観脳と悲観脳が動かされ、予想どおりの良い結果と予想どおりの悪い結果がもたらされてしまう。

なんということだろうか！　楽観と悲観のものの見方が自己成就して、予想どおりの結果となって現れる。脳が晴れていれば良いことが起こり、脳に雨が降っていれば悪いことが起こるなんて。

京セラや第二電電（DDI）などを創業し、日本航空の会長としてJAL立て直しにも尽力した偉大な経営者の稲盛和夫は、物事は「心に描いたとおりになる」と指摘する。

> 「物事の結果は、心に何を描くかによって決まります。現在の自分の周囲に起こっているすべての現象は、自分の心の反映でしかありません。ですから、私たちは、怒り、恨み、嫉妬心、猜疑心など否定的で暗いものを心に描くのではなく、常に夢を持ち、明るく、きれいなものを心に描かなければなりません。そうすることにより、実際の人生も素晴らしいものになるのです」[14)]

リーダーシップに欠かせない要素が楽観性というのであれば、きっとそれは生まれつきの性格だから、心配性の私にはムリだと思ってしまう。「楽観トレーニング」を受けて努力しても、身につけられるものではないと、諦めてしまう人がいるかもしれない。

ただし、そんなに悲観的にならないように。性格は変えられるというのが、現代の心理学で主流の考え方だ。認識のあり方も変わる。そのメカニズムも、徐々に明らかになっている。

ジョン・F・ケネディ大統領は、就任前の演説でこう話した。「中国語で書くと、危機という言葉は2つの漢字でできている。1つは危険、もう1つは好機である」と。「日本語で書くと」と話さなかったのは、ちょっと癪にさわる。

JFK（ケネディ大統領のこと）でなくても、阪神タイガースのリリーフ陣ジェフ、藤川、久保田（JFK）であれば、ピンチは腕の見せどころというように、発想を転換することができる。誰でもトレーニングによって、そうできるようになる。

エレーヌ・フォックスによれば、頭に浮かんだ考えやイメージに、楽観的なラベルづけをすれば、悲観中枢である扁桃体の働きを抑えることができる。悲観的な人でも、認知のトレーニングによって、楽観的に変わっていく。悲観的な脳であっても、訓練の仕方で、楽観的な脳に変わるのだ。

リーダーになりたかったら、自分を楽観的に変えていこう。人の上に立つようになったら、楽観こそが最大の武器になる。

# トヨタグループの調査から見える風景

chapter 4

## 調査によって明らかにする

ここまで読み進んでこられたなら、マネジメントとリーダーシップの違いを、わかっていただけたのではないだろうか。これまで大学の授業で講義してきた印象では、マネジメントもリーダーシップも知らなかった大学生が、マネジャーとリーダーを一緒くたにしていたMBA学生が、その違いをしっかり理解できるようになるものだ。

リーダーシップとマネジメントにわざわざ分けたのだから、それぞれの中身を、データを使ってもう少し詳しく調べてみよう。

本章では、公益財団法人中部産業・労働政策研究会の協力で、トヨタグループを中心にした6社に対して、リーダーシップとマネジメントについて調べた2019年の調査[1)]を紹介する。トヨタグループ企業を中心として、電鉄会社や公益企業を含めて大企業に集中して調査している。いい意味でも悪い意味でも、わが国の産業の屋台骨を担っている優良企業の特徴があぶり出されている。

各社で課長級に相当する役職についている中間管理職と、その部下にあたる従業員を対象にして、リーダーシップとマネジメントにこだわって調査をした。

この調査でのポイントは、課長クラスとその部下とに同じ質問を行っていることだ。立場の違いからくる認識のギャップや、視点の違いをはっきりさせるために、どの上司とどの部下が同じ部署に所属しているのかがわかるように、紐づけしている。

つまり、課長クラスに対しては、自分のリーダーシップとマネジメントについて答えてもらい、部下に対しては、自分の上司のリーダーシップとマネジメントについて、同じ質問に答えてもらっている。

たとえば、上司への質問調査では、「あなたは、自職場の業務計画を定期的に立案している」かどうかについて回答を求めている。部下への質問調査では、「あなたの上司は、自職場の業務計画を定期的に立案している」かどうか、答えてもらっている。

課長クラスとその部下の回答を紐づけし、上下で対応のあるデータを取っていることも、大きなポイントだ。ふつうに行われている一般的な調査では、上司とその部下をリンクさせるのはやたら手間がかかるし、匿名性を心配して、上下の紐づけをしないのが普通だ。その点、このデータの取り方は、中間管理職層と部下層の違いを浮き彫りにするためには好都合である。

まず、調査対象者の特徴を述べよう。上司への調査については、6社の課長職相当の管理職179名から回答を得ることができた。年齢層としては、下は37歳から上は57歳にわたっており、平均年齢は47.4歳、平均勤続年数は23.3年だった。

中部地区の製造業中心の人員構成を反映して、男性課長職が99.4%を占めている。女性課長職は179名中たったの1人（0.6%）。わが国の組織で、女性の管理職がいかに少ないかが、改めて浮き彫りになったようである。

安倍政権の成長戦略「三本の矢」の1つとして「女性活躍推進法」が改正され、女性管理職比率を30%に増やすという目標が定められた。また、「2020年世界ジェンダー・ギャップ報告書」では、男女平等ランキングでは日本は下から数えたほうが早く、調査された153カ国中121位に低迷している。[2] 本調査の結果も、そんな日本の組織の現実を映し出している。理想と現実の違いと呼ぶには、あまりにもきびしい結果だ。

一方、部下への調査では、課長職の部下にあたる676名から回答が得られている。年齢層は、下は19歳から上は60歳と、こちらもきわめて広い年齢幅にまたがっており、平均年齢は37.0歳、平均勤続年数は13.7年だった。

男性従業員が82.8%と多数を占めているものの、女性からも17.2%の回答を得ることができた。少しだけホッとできるが、まだまだわが国の労働人口の構成とは違いが大きい。

この調査によって、わが国の従業員がイメージしているリーダーシップとマネジメントの中身について、データから明らかにするつもりである。しかし、上司にあたる人はほとんど男性。部下には女性がちらほらいるものの、自分の部署の上司は男性ばかりだ。男性の管理職像によってイメージができあがっている。

明治安田生命が行っている「理想の上司」アンケートでは、天海祐希が2010年から7年連続で、トップの座を制している。2017年以降は、トップをアナウンサーの水卜麻美に明け渡したが、それでも安定して2位をキープしている。

男性版「理想の上司」に上がってくる有名人はコロコロ変わっているのに、女性版「理想の上司」として、天海祐希の安定感はダントツだ。

『離婚弁護士』（フジテレビ）の間宮貴子、『BOSS』（フジテレビ）の大澤絵里子、『GOLD』（フジテレビ）の早乙女悠里、『緊急取調室』（テレビ朝日）の真壁有希子など、ドラマの中で、クールで専門性の高いキャリアウーマンとか、信念を貫く強さのある女性を演じている。

「腹の座り方が違うわよ！　女は」（『離婚弁護士』）というセリフが聞こえてきそうだ。

天海祐希にリーダーシップのイメージを重ねたい気持ちもわかる。本調査の結果を見るのには、そもそも女性管理職が対象に上がってこないので、少々誤解を招いてしまう。

男前女子や大人女子に憧れている人には、申し訳ない。とはいえ、上司が男前であれば、男であっても女であっても、男前のイメージに違いはないから（そもそも、女前という言葉はないし）、安心してほしい。

## 類似性と差異性を手がかりに因子を明らかにする

インターネットで出回っている調査報告書や単純集計結果と差別化をすべく、とはいっても、統計をもてあそぶことがないように注意しながら、統計分析を行ってみよう。たくさんの情報を一度に扱うために、多変量解析という難しめの方法を使っていくので、少々辛抱してお付き合いいただきたい（どうしてもガマンできず、アクビが出るようなら、第6章までスキップしよう）。

ここでは、因子分析と呼ばれる統計分析法を使って、質問項目に映し出された内容的なまとまりを見出していく。因子分析とは、調査回答者が複数の質問項目に答えた反応パターン（相関係数の行列で示されるもの）を解析し、質問項目の内容の類似性と差異性をデータから見出すものである。あの項目とこの項目はなんとなく似ていると、筆者が独断と偏見で、勝手に判断したものではない。

たとえば、「私は責任感が強い」「私には使命感がある」の項目に、多くの回答者が強く肯定していれば、この2つの項目は似たものだと回答データから分析される。また、「私は責任感が強い」に高く回答しながら、「私はワークライフ・バランスに配慮している」に中くらいの回答をしていれば、この2項目は似ていないものと分析される。

要するに因子分析とは、多数の調査回答者から得たデータの反応パターンを、集合化された認識パターンと捉え、似た項目と似ていない項目のまとまりを潜在因子という形で、データから解析的に見出すものなのである。

なぜ潜在因子と呼ぶかといえば、因子自体は実際に回答されたものではなく、質問された項目の漠としたまとまりとして、間接的に示されるからである。直接回答された項目の下に薄ぼんやりと潜んで見えるので、潜在因子と呼ばれるわけだ。

因子が解析的に出てきたとはいえ、それが何を意味しているかは、事前にはわからない。だから、直接回答された質問項目の重み（因子負荷量と呼ばれる統計値）を見ながら、そこに反映されている意味を解釈する必要がある。項目に反映されている意味を感じ取りながら、生まれてきた因子に名前をつけて（命名して）、解釈しやすくする。

命名なんていう仰々しいことをするから、データ解析という技術的で理屈っぽいプロセスにもかかわらず、神聖で神秘的な響きがある。

因子分析の目的はいくつかあるが、ここでの目的は、たくさんの項目を質問して集めてきた豊かな情報を、いくつかの中核となる観念（因子）にまとめて、情報集約をすることである。質問がたくさんありすぎて、どの結果を見たらよいのかわからないということがないように、情報の倹約を行うのだ。

まず初めに、リーダーシップとマネジメントの全体イメージを確認するために、上司への調査データ（回答者数179名）と部下への調査データ（回答者数676名）で、対応する質問項目をつなげて、回答者全員（855名）のデータを作ってみた。そして、全体データを因子分析することで、質問項目に観念的まとまりを見出すことにした。

上司データと部下データをつなげた855名のデータに対し、最尤法によるプロマックス回転を伴う探索的因子分析（EFA）を実施した。その結果、大きく3つの因子にまとまった。そして、この3つの因子によって、分散の61.3%が説明できることが明らかになったのである。

表4-1の実線で囲んだ枠を見てほしい。第1因子は、「自職場の将来像を語って部下に夢を与えている」「部下に危機感だけでなく将来への明るい展望も語っている」「時間をかけて組織のビジョンや将来像について部下と話している」など、10の項目に高い因子負荷を持っている。「ビジョン」や「動機づけ」といったキーワードがこの因子を形作っている。

管理職が部門の将来像を示し、メンバーをやる気にさせる働きである。いうなれば、リーダーシップのビジョンが果たしている機能だ。だから、第1因子を「ビジョン」と命名した。

第2因子は、「部下1人ひとりについて、業務が完了する時期を把握している」「部下1人ひとりについて、業務の進捗を理解している」「部下1人ひとりの負荷状況に応じて業務を調整している」など、12の項目に高い因子負荷を持っている。因子を形作っているキーワードとしては、「進

| 質問項目 | 因子 | | |
|---|---|---|---|
| | ビジョン | 管理行動 | 配慮 |
| あなたは、自職場の将来像を語って部下に夢を与えている | 1.09 | .01 | -.30 |
| あなたは、部下に危機感だけでなく将来への明るい展望も語っている | .88 | -.07 | .03 |
| あなたは、時間をかけて組織のビジョンや将来像について部下と話している | .80 | .07 | -.07 |
| あなたは、組織のビジョンについて部下にかみ砕いて説明している | .70 | .10 | .05 |
| あなたは、部下が一丸になれるように自分たちのビジョンを示している | .67 | .24 | -.01 |
| あなたは、部下が「この職場の一員でよかった」と思えるように自分の行動を意識している | .66 | -.09 | .29 |
| あなたは、部下のやる気を引き出すために、自分の経験や知見を話している | .60 | -.02 | .25 |
| あなたは、個々の業務の意義を伝えて部下をやる気にさせている | .56 | .21 | .14 |
| あなたは、これまでにない考え方や見識を部下に示している | .55 | .15 | .09 |
| あなたは、部下が仕事でベストを尽くせるように動機づけている | .54 | .19 | .20 |
| あなたは、部下の成果や貢献を認めて部下をやる気にさせている | .44 | .06 | .43 |
| あなたは、仕事上の期待を部下にはっきりと伝えている | .31 | .28 | .22 |
| あなたは、部下1人ひとりについて、業務が完了する時期を把握している | .01 | .88 | -.15 |
| あなたは、部下1人ひとりについて、業務の進捗を理解している | .04 | .82 | -.05 |
| あなたは、部下1人ひとりの負荷状況に応じて業務を調整している | -.03 | .73 | .10 |
| あなたは、部下が見落としている業務上の問題に気づくことができる | .08 | .66 | -.02 |
| あなたは、決められた時間枠のなかで、仕事の優先順位を決めている | -.01 | .64 | .17 |
| あなたは、限られたリソース(予算と人員)のなかで、やるべきこととやらなくてもよいことを決めている | .07 | .62 | .10 |
| あなたは、自職場の業務計画を必要に応じて修正している | .06 | .60 | .14 |
| あなたは、部下1人ひとりの能力や専門性に応じて業務を調整している | .04 | .55 | .26 |
| あなたは、「報告・連絡・相談」を部下に徹底させている | .16 | .52 | .08 |
| あなたは、自職場の業務計画を定期的(例:四半期ごと)に立案している | .27 | .49 | -.05 |
| あなたは、部下の到達目標を設定する際に本人に納得させている | .18 | .48 | .19 |
| あなたは、業務上で起こった問題を放置せずに解決策を講じている | -.02 | .47 | .36 |
| あなたは、本人の能力より高い業務目標を部下に与えている | .19 | .27 | .17 |
| あなたは、部下の意見や提案をよく聞いている | -.12 | -.07 | .94 |
| あなたは、尊重や感謝の意を部下に態度で示している | .07 | -.10 | .84 |
| あなたは、部下のメンタル面や体調面に留意している | .00 | .02 | .76 |
| あなたは、部下から新規提案があれば可能なかぎりやらせている | -.14 | .16 | .70 |
| あなたは、部下の置かれた状況や個別の事情に配慮している | -.06 | .28 | .61 |
| あなたは、部下の意見や提案に迅速に対応している | .13 | .10 | .61 |
| あなたは、部下の手本となることを意識している | .36 | -.01 | .50 |
| あなたは、部下の手本となるように行動している | .39 | .01 | .47 |
| あなたは、部下に自分の裁量でまわす仕事を与えている | .08 | .11 | .45 |
| あなたは、部下に失敗を恐れずにチャレンジさせている | .23 | .22 | .29 |
| 寄与率 | 55.6 | 3.1 | 2.5 |
| 信頼性係数α | .95 | .94 | .93 |

表4-1　管理者の資質に関する因子分析の結果

捗管理」「業務調整」「優先順位づけ」「計画立案」などが挙げられる。

見てすぐわかるように、部下やチームの管理監督を行うマネジメント活動ばかりだ。だから、第２因子は、マネジメントの根幹をなす「管理行動」と命名した。

第３因子は、「部下の意見や提案をよく聞いている」「尊重や感謝の意を部下に態度で示している」「部下のメンタル面や体調面に留意している」などの９項目に高い因子負荷を持っている。「配慮」「傾聴」「モデリング（手本）」などのキーワードが、この因子を形作っている。

部下の心身面に深く配慮し、部下の話をよく聴き、自ら手本を示すような活動である。よって、第３因子は、対人面でのリーダーシップを示す「配慮」と命名した。

## リーダーシップの３要素

この結果では、リーダーシップとマネジメントの要素が、因子として浮かび上がっている。それに気がついた皆さんはエライ。ただし、それがリーダーシップの３要素と学術的に呼ばれてきたものであることは、リーダーシップのプロを自認する人でも気づかないだろう。

リーダーシップとマネジメントを区別しようと、本書で必死に努力してきたが、この際、細かなことはどうでもいいと腹をくくろう。リーダーシップとマネジメントは、非常に仲がいい。似ているけれど微妙に顔つきが違う二卵性双生児（双子）のような間柄だ。

さて、リーダーシップの学術的見地に立てば、ニューヨーク州立大学オールバニー校のゲイリー・ユクルは、リーダーシップに関する過去の研究成果を眺めて、３つの要素が見出されてきたことを指摘している。[3]

第１は、業務を担うリーダーシップである。計画立案や管理監督など、目標達成や成果の確保のために、仕事面でメンバーに影響を与える行動を指す。マネジャーとリーダーの違いに目を向けてきたが、そもそもリーダーとマネジャーで重なる部分も多い。日常業務をきちんとマネジメントしていくのもリーダーの役目であると、これまで考えられてきた。

メンバー1人ひとりに仕事を割り当て、進捗を管理し、部署全体の計画を立案し、全体の管理監督をすることは必須事項である。マネジメントとリーダーシップが結びつくのは、このポイントだ。

第2は、人間関係を担うリーダーシップである。部門目標の達成には、メンバー全員でアプローチするものであって、バラバラな個人の集まりでは力が集中しない。また、いくら自分のほうが仕事ができたとしても、メンバーに仕事を任せて、いろいろと経験を積ませていかなければ、チームとしてのパフォーマンスは高まらない。個人の働きには限界がある。そのためにリーダーがとるべきチームワークや、傾聴や部下への配慮などを意味している。

第3は、変革を担うリーダーシップである。リーダーには、業務と人間関係に加えて、組織の変革と革新を促していく役割が期待されている。だから、自らが部門やチームのビジョンを語り、リスクテーキングを行い、トップやステークホルダーに対して交渉力を発揮することが必要だ。

特に、金融資本主義や情報資本主義が進んできた1980年代からは、業務の管理やチームワークよりも、組織の変革が、リーダーシップに求められる機能の中心をなしてきた。変革になくてはならないビジョンの役割が、事あるたびに強調されてきたのである。

このリーダーシップの3要素は、本調査で見出された3つの因子と対応している。①ビジョンはリーダーシップの中心的役割であり、変革を担うリーダーシップには必要不可欠である。②管理行動はマネジメントの中心的役割であると共に、業務を担うリーダーシップとも考えられている。③配慮は、リーダーにもマネジャーにも必要な要素であり、人間関係を担うリーダーシップの中心だ。

このような3つの要素が、わが国の調査でも発見されたことは、興味深いことである。リーダーシップについてピンときていないわが国でも、リーダーシップの要素がしっかりと理解されているわけだ。少なくとも頭では。

それに、洋の東西を問わず、理論と実際の違いにもかかわらず、リーダーシップとマネジメントの部分が、管理職に普遍的に求められていることも示している。

## 管理職はマネジメントとリーダーシップについて、どう語っているか？

調査では、マネジメントとリーダーシップについて、数値による集計を補うために、管理職に対して自由記述による回答を求めた。

自由記述は、回答者の生の声を映し出すものだ。回答者の実感と現場に即した深い意見が盛り込まれるのが、選択肢による回答にはないメリットである。記入されたコメントの中身を分析することによって、アンケートでは多数派の回答に埋もれてしまう少数意見を、吸い上げることができる。

統計やデータサイエンスに不慣れなわが国の職場では、数値ではなくて、質的回答が重宝される傾向にある。自由記述は現場の生の声をそのまま反映するものだから、わかりやすいというのがその理由だ。

その一方で、自由に自分の意見を書くことは負担が重いので、無回答になりがちでもある。強い意見を持つ人だけが答える自己選択による偏り（選択性バイアス）が潜んでいるし、集められたコメントが偏っていたり、全体の意見を代表していないという問題を抱えることもある。

回答を分析する際には、回答者が答えた本来の意図とは離れて、集計者の主観的・恣意的な解釈を呼んでしまうこともある。つまり、回答が偏っていて、出てきた結果を全体に当てはめることができなかったり、解釈が誤ってしまうという問題を抱えてしまうことがあるのだ。

ここでは、声の大きな少数意見ばかりを拾い上げないように注意しながら、自由記述による回答をまとめてみることにしよう。

具体的には、「職場の競争力を向上していくために、管理監督者にはマネジャーとして、さらには職場のリーダーとして、どのような役割が期待されていると思いますか？　自分が感じている意見を自由に書いてください」という設問を設けた。マネジメントならびにリーダーシップにかかわる事柄を、自由に記述してもらうことを意図したものだ。

集計にあたっては、書かれた内容がマネジメント上の役割についてなのか、リーダーシップ的役割についてなのか、それとも、両方を含んだものなのかに分けて、回答率を集計した。

結果をまとめてみれば、マネジメント上の役割について書かれた回答が41.3%、リーダーシップ的役割について書かれた回答が30.2%、両方の役割について書かれたものが13.4%、無回答が15.1%を占めた。答えとして頭に浮かんだ内容の比率に若干の違いが認められるものの、管理監督者にはマネジメントとリーダーシップの役割がバランスよく期待されていることが、管理監督者層の自己像として明らかになっている。

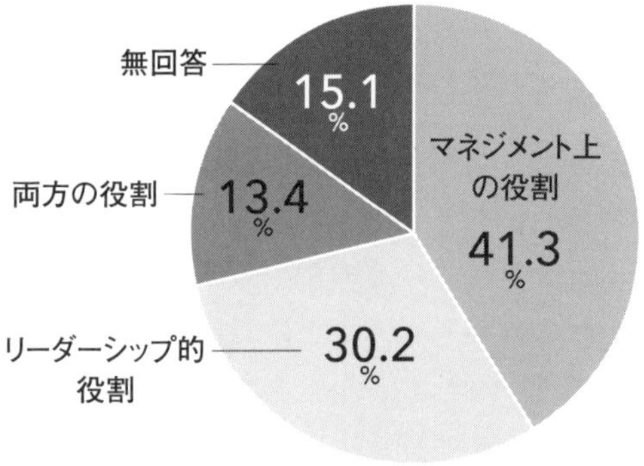


**図4-1　マネジメントとリーダーシップに関する自由記述の結果**

マネジメント上の役割について書かれた内容を、具体的に見ていこう。典型的な意見として、以下のようなものが挙げられる。

「業務指示は具体的に納期まで指示する。業務の進捗は常に把握する。他部門との調整は積極的に自ら行う。部下の業務に関心を持つことが大切」（トヨタ紡織）

「より具体的な目標とアウトプットのイメージを明示することで、やり直しのない業務を推進する。業務の優先順位づけと改廃に取り組む」（デンソー）

「あるべき姿に向かって小さなPDCAを回し続ける。そのために業務推進管理をしっかり行い、成果へつなげる」(トヨタ車体)

同じように、リーダーシップ的役割について書かれたものを具体的に見ていけば、以下のような意見が典型的である。

「実務担当者が夢を感じ、心酔でき、日々迷わないような明確なビジョンを示すこと」(デンソー)

「マネジャーが見ている景色、見えている景色と同じ景色を、具体的にわかりやすく見せてあげること、そのうえで部下が働きやすい環境を整えてあげることと感じています」(中部電力)

「常に未来を考え自分たちがどうあるべきか、どうすべきかを示すことが重要だと感じています。未来像(目標)を達成するための工程やアイディアを部下から引き出すことが非常に重要。時代は変化している!」(トヨタ紡織)

このように、現場を管理監督する上司の頭の中では、マネジメントとリーダーシップの役割が、正しく理解されている。職場のキーパーソンである管理職に求められている自己像には、ブレがない。

さすがは管理職だ。マネジメントとリーダーシップの役割の違いを、直感的に理解できているのはスゴイ。

# 職場の競争力を高めるには

chapter 5

## マネジメントとリーダーシップは組織の役に立つのか？

職場はバラバラな人の集まりではなくて、組織で成り立っている。組織であれば、部門やグループの長となる人物がいる。そして、長と名のつく役職になれば、グループの仕事とメンバーをしっかりとマネジメントするとともに、リーダーシップを発揮して、組織に貢献していかなければならないと思われている。

だから、その責任に気後れして、昇進したくないと考える若年層や女性従業員も少なくない。一介のサラリーマンには荷が勝ちすぎて、責任を負いたくないと感じる。

管理職といってもいろいろで、仕事をどんどん受けてきて、リソースやスケジュールを考えずに部下に割り振ってばかりいるような職場のストレス源であったり、ルールや手続きを絶対視し、上から目線のパワハラ上司なんて思われていることもある。尻が暖まる暇もなくせっかちに動いて、相談する機会を与えてくれない自称プレイングマネジャーというのも困る。

では、マネジメントとリーダーシップは、本当に組織の役に立っているのか？

当たり前すぎて、誰も疑問に思わなかったかもしれないし、天に唾するあぶない疑問かもしれない。しかし、ここで確かめてみたい。

今回の調査では、マネジメントとリーダーシップについて、管理職層と部下層で同じ質問を違った立場から回答してもらっている。その特徴を生かした分析をしてみよう。

マネジメントとリーダーシップが職場で役に立っているのかどうか、組織に貢献しているのかどうかについて、確かめたいというのがポイントである。そのポイントを、「職場の競争力」で判断することにした。

調査では、職場が競争優位で効果的であるかどうかを、14の質問項目で調査した。職場の競争優位性を、さまざまな角度から多角的に捉えようと企図したため、「業務の水準」「メンバーの主体性」「職場のまとまり」「モチベーションの高さ」など、14の質問をしたわけだ。

初めは、それぞれが職場の競争力の別々の側面を捉えていると考えていたが、結局のところ、項目と項目の関連性が高かったため、14項目を足し合わせて「職場全体の競争力」とした。ここでは、上司の視点から見た職場の競争力をもとにしている。

一方、マネジメントとリーダーシップについては、部下視点を取り上げている。探索的因子分析で見出された3つの因子について、それぞれ実線で囲まれた項目群について、部下評価のデータを個人ごとに足し合わせた（表4-1参照）。つまり、①上司の「ビジョン」10項目、②上司の「管理行動」12項目、③上司の「配慮」9項目を、部下視点で評価したデータを足し算して、3つの変数を作っている。

部下の目から評価した上司のマネジメントとリーダーシップが高いか低いかによって、上司が認識する職場の競争力が上がるのか、下がるのか、それとも変わらないのか？

部下評価による上司の②管理行動（マネジメント）と、①ビジョンと、③配慮（リーダーシップ）の高低によって、上司の目で判断した職場全体の競争力はアップするのか、ダウンするのか？　それを分析するために、回帰分析を行ったのである。

## 回帰分析の話

回帰分析という言葉を聞いたことがあるという人は、手を挙げてください。なるほど、そのくらいですか。

それでは、回帰分析について少し解説しよう。

回帰分析の名前についている回帰というのは、日常ではあまり聞き慣れない言葉だろう。その意味は、「一回りして元に戻る」ということである。すると、回帰分析というのは、オーストラリアの先住民が使うブーメランの分析なのか？　国会でよくある自滅に追い込まれる批判発言の分析か？

そんな疑問を呼ぶ摩訶不思議な名前の回帰分析とは、なかなか知られていないことだが、親と子の遺伝に関する1つの誤解から出た分析方法である。

19世紀末、遺伝学者のフランシス・ゴルトンは、親と子の身長について、身長の低い親から生まれた子は、たいてい親よりも身長が高くなること、逆に、身長の高い親から生まれた子は、親よりも身長が低くなることをデータで示した。身長が平均から特に離れている両極端（身長がとても高い親か、とても低い親）で、この傾向が強く見られた。

当たり前だろう。身長が200センチの親からは、せいぜい180センチくらいの子が育ち、身長140センチの親から生まれた子でも、160センチくらいまでは伸びるものだ。人間の身長は、劇的には変わらない。

これは平均への回帰と呼ばれる現象である。だが、当時の進化論的見方では、優れた形質を持つ親が生き残り、子に受け継がれると考えられていたため、平均に戻ってしまうことがかえって興味を引いた。ゴルトンは、親の身長と子の身長に直線で結ばれる関係を示し、回帰直線と名づけている。これが回帰分析誕生の知られざる秘話である。[1]

回帰分析とは、説明されるべき事柄（被説明変数：この例では子の身長）の高低について、その原因と思われる事柄（説明変数：親の身長）の動きから説明ないしは推定していくものである。厳密には因果を明らかにはできないのだが、2つの変数の間に見かけの関連性（相関）があって、原因と結果のような説明のロジックがあれば、回帰分析が使われる。

回帰分析では、一次関数で示される直線的関係を求める。読者の皆さんは、中学校で一次関数というのを習った記憶があるだろう。「数学は苦手だったので」とか、「もう記憶にありません」とか、いろいろな言い訳はあるかもしれないが、この関数を理解してもらわないと先に進まないから、ガマンだ。

一次関数（線形関数）はふつう、

$$y = a + bx$$

という式で表す。一次関数では、ご存じのように、$a$を切片といい、$b$を傾き（重み）と呼んでいる。つまり、説明されるべき変数（$y$）の変化について、初期値（$a$）からスタートして、原因にあたる変数（$x$）に重み付け（$b$）をしたうえで、足し算で表そうとする。この一次関数こそ回帰直線だ。

中学校で習ったことだし、小学校から慣れ親しんだ足し算しか使っていないので、ビビらないでほしい。

さて、分析にあたっては、「重回帰分析」という方法を使った。名前は仰々しいが、結局のところは足し算なので、こけおどしだといってよい。ただし、説明される側は同じだが、説明するほうの数が増えているところがややこしい。

一般に、2つ以上の説明変数（$x_1$, $x_2$, $\cdots x_m$）からなる重回帰分析では、被説明変数（$y$）は、説明変数の足し算（線形結合）による一次関数（重みづけした加算式）によって示される。

$$y = a + b_1x_1 + b_2x_2 + \cdots + b_mx_m$$

複数ある説明変数のうち、$y$に対する貢献度が大きいかどうかは、各$x$の重み（$b_1$, $b_2$, $\cdots$, $b_m$）が統計的に有意かどうか（値が0でないかどうか）で判断する。

また、重回帰分析では、複数の説明変数を組み合わせた足し算モデルの適合性がＦ検定で検討され、$y$が足し算モデルによってどの程度説明されるのかという決定的に重要な説明率が、決定係数（$R^2$）によって示される。

## 調査結果からわかったこと

もう一度繰り返そう。ここで取り上げる重回帰分析では、上司評価による「職場全体の競争力」を$y$とし、部下評価による上司の「管理行動」「ビジョン」「配慮」を3つの説明変数（$x_1$, $x_2$, $x_3$）とした。また、あまりこだわっていない変数の影響を統計的にコントロールするために、「上司の性別」「上司の勤続年数」「部下の数」をモデルに入れておいた。

表5-1のStep 2をよく見てほしい。まず、「部下の数」の欄を横に見ていって、Step 2の$\beta$の値（.27）の脇に、*がチョンチョンチョンと3つ付いているのがわかるだろう。0.27という値は、見かけは小さいが、大きな影響を及ぼしていることが、*の数からわかるのだ。

| | Step 1 | | | Step 2 | | |
|---|---|---|---|---|---|---|
| | $\beta$ | $t$ | $p$ | $\beta$ | $t$ | $p$ |
| 上司の性別（男性=1; 女性=0） | .01 | .06 | .951 | .09 | 1.25 | .212 |
| 上司の勤続年数 | .04 | .54 | .588 | .03 | .49 | .627 |
| 部下の数 | .26** | 3.46 | .001 | .27*** | 3.90 | .000 |
| ビジョン（部下評価） | – | – | – | .70*** | 3.86 | .000 |
| 管理行動（部下評価） | – | – | – | −.34* | −2.04 | .042 |
| 配慮（部下評価） | – | – | – | .03 | .20 | .839 |
| $F$ | | 4.39*** | | | 9.84*** | |
| $d.f.$ | | 3; 170 | | | 6; 167 | |
| $R^2$ | | .072 | | | .261 | |
| $\Delta F$ | | – | | | 14.26*** | |
| $d.f.$ | | – | | | 3; 167 | |
| $\Delta R^2$ | | – | | | .189 | |

（注）*** $p$<.001; ** $p$<.01; * $p$<.05
従属変数：職場全体の競争力（上司評価）

**表5-1　上司のマネジメントとリーダーシップに関する重回帰分析**

人は見かけではない。「山椒は小粒でもぴりりと辛い」ということわざもある。統計分析では、*の数（統計的有意性）が大事だ。まるで『ミシュランガイド』のようだ。星の数で一喜一憂する。

「部下の数」に付けられたこの値が意味することは、部下の数が増えれば、その部署の競争力は高まるということである。人数が大きい部署は、会社の屋台骨を担っているので、重要なライン業務が割り当てられているだろうし、その分優秀な社員も多く、成果も上がっていると考えることができる。

続いて、「ビジョン」の効果も際立っている。同じように、部下評価による上司のビジョンの効果は、0.70で*が3つなので、職場の競争力に与える影響が大きいことが読み取れるのだ。職場の上司が部門の方針をはっきり伝え、将来のビジョンを語っていれば、部下は将来の方向性について悩みが少なく、その分やる気になり、競争力を持つことができる。

部下の立場で、自分の上司にビジョンと方針を示してほしいと思うのは、よくあることである。上司に期待するものとして、いつもいつも上位に上がってくる。だから、この結果もうなずける。ふんふん。

一方、「管理行動」の効果は悩ましい。部下の目から見た上司の管理行動の効果は、－0.34（負の値）で*が1つ付いた。つまり、職場で上司が熱心に管理行動をすればするほど、職場の競争力が下がってしまうのである。あぁ、なんたることか。

部下の視点からすれば、上司が事細かに監督をすれば、管理が強すぎると思うだろう。ビジョンも示さずに管理監督ばかりに注力するのは、仕事を任せることができない口うるさい上司、部下育成ができない上司の典型であり、マネジメントしかできない古いタイプのマネジャーとして感じられてしまう。

マネジメントとリーダーシップ。どちらも管理職に求められるものだとはいえ、職場の競争力に対する影響が真逆なので、ビックリだ。リーダーシップは組織の競争力をアップするのに、マネジメントの強化は、逆に組織をダメにする。

この調査の結果だけでは、確たることがいえないかもしれないが、マネジメントとリーダーシップのお役立ちの程度やありがたさについて、今さらながら、その違いを理解することが大事だ。

管理者に必要な本当の役割とは、いったい何だろうか？

## ポジティブ対ネガティブの「3:1の法則」

マネジメントとリーダーシップは、どちらも組織には不可欠だ。どちらの能力にも長けたスーパーボスが、組織にとってベストなはずだ。それなのに、マネジメントとリーダーシップが、組織の競争力に対して担っている機能が違っている。それはなぜか？

表5-1のように、これまでの常識ではありそうもない不可解な結果は、どのように考えればよいのだろうか。

このときにカギを握っているのが、ポジティブ心理学で熱心に論じられている「ポジティビティ（楽観）」という考え方である。つまり、上司の言動がポジティブがネガティブか、楽観的か悲観的か、そのどちらが多いかという点だ。

ポジティビティとは、個人がポジティブな感情を持ったり、いい気分になることをいう。「いい気分」といっても、セブン-イレブンのことではない（古い！）。ポジティブ心理学では、代表的な10の感情——①喜び、②感謝、③安らぎ、④興味、⑤希望、⑥誇り、⑦愉快、⑧鼓舞、⑨畏敬、⑩愛——のことを指している。[2)]

仕事で働いているときに、職場で仕事仲間と一緒にいるときに、嬉しかったり、ありがとうと言われたり、ホッとしたり、仕事って面白いなぁと感じたり、自分の将来に夢を持ったり、プライドを感じたり、一緒にいて楽しかったり、やってやるぞと勇気をもらったり、出張先の立派なビルを見て感動したり、会社が好きと思えたり。いろいろとポジティブな感情を持つ機会がある。

眉間にシワを寄せて冗談も言わずに、真面目に一生懸命に働いている人であれば、普段は忘れていて気がつかないかもしれないが、ハッピーになる経験はいくつもあるはずだ。

ポジティビティは、本来、個人が感じる感情の状態である。組織の話ではない。しかし、ポジティブな感情だけでなく、ポジティブな行動にまで範囲を広げれば、組織への影響が出てくるものだ。

特に、グループの中でやり取りされる肯定的言動と否定的言動の比率であるポジティビティ比が、成果に影響していることが示唆されている。

コンサルタントのマーシャル・ロサダは、ミシガン州にある会社で、各チーム8名のメンバーからなる60の戦略事業部について、その活動の様子をマジックミラーで観察・記録し、メンバー間の会話のポジティビティ比と部門成果を比較する社会実験を行った。[3] そこで見出された驚くべき事実は何か。

パフォーマンスが高かったチームではポジティビティ比（肯定的発言と否定的発言の比率）が5.614であり、パフォーマンスが中ぐらいのチームでは1.855だった。一方、パフォーマンスが低かったチームでは0.363だったのだ。

整数を使わずに小数で示してあるからわかりにくいかもしれないが、ハイパフォーマンス・チーム（ポジティビティ比5.614）では、否定的発言1つに対し、肯定的発言が平均で5.6回出されている。つまり、メンバー同士がたくさんの質問や意見を出し合い、自分の考えをしっかり主張する。否定的な発言に対しても、クリエイティブな反応をしている率が高いのである。いわゆる「ワイガヤ」ができるチームがこれだ。

一方、ローパフォーマンス・チーム（ポジティビティ比0.363）では、逆に、肯定的発言1つに対し、否定的発言が2.8回も出されている。そもそも会話の量が少ないのに加えて、相対的に否定的な言動が目立つ。相手の意見をろくすっぽ聞かずに、口を開けば、自分の立場を守るために相手を批判するような様子が見て取れる。

ビジネススクールで培ったクリティカル・シンキング（批判的思考）やネゴシエーション（交渉術）の能力を駆使して、自分を正当化することに力を入れているとでもいえるだろうか。賢いメンバーが揃っていれば、なおさらたちが悪い。いけずの集団になってしまう。

職場のことや生活上のことも含めて、われわれが感じるポジティビティの効果を体系化し、ノースカロライナ大学のバーバラ・フレドリクソンが、ポジティブ心理学ブームを代表する「拡張―形成理論」をまとめている。[4]

拡張―形成理論によれば、ポジティブな感情を経験するということは、暗い気持ちが明るくなるという、一瞬の移ろいやすい感情のあり方だけを意味するものではない。ポジティビティによって、個人にも組織にも、もっともっと良い影響がもたらされるのである。

恐れや怒りや嫌悪といったネガティブな感情は、自分を守るために、行動や視野を狭めてしまう。恐怖や怒りの感情は、危険を避けることだけにわれわれの意識を集中させる。

それに対し、ポジティブな感情は、趣味や遊びのようにわれわれの頭と心の働きを開放し、視野を広げることができる（拡張効果）。

また、ポジティブな感情は、知的、身体的、社会的な面でのいろいろなリソースを身の回りに形作り、自然に成長につながっていく土台を作ることができる（形成効果）。これが拡張―形成理論の論点である。

さらに大切なのは、ポジティビティにはティッピング・ポイント（転換点）があることだ。われわれの態度と行動に劇的な変化をもたらす質的な転換点のことだ。

ポジティビティ比があるポイントより低いと、あらゆることがストレスになり、活力を失って、良くないことがどんどん重なっていく負のスパイラル（ドツボ）にはまってしまう。しかし、峠《ピーク》を越えるように、あるポイントを過ぎると、イキイキと気分が高揚し、自由で創造的になり、どんどん良いことが起こる上昇のスパイラル（波）に乗ることができる。このティッピング・ポイントが３対１の比率なのだ。

図5-1　ポジティビティのティッピング・ポイント

ポジティブとネガティブが3対1。「3：1の法則」としても知られている黄金比だ。組織行動にも当てはまるだろうから、ぜひ覚えておきたい。

## 「3:1の法則」を組織に当てはめる

なぜ、ポジティブとネガティブの黄金比が3対1なのか？

われわれは普段、ほどほどにポジティブな気分にいる。「♪たった今からポジティブ太郎（ポジティブ花子）　絶対この道　楽しんでやる」（作詞：つんく、作曲：上田真樹）と、どこからか高校生の合唱が聞こえてきそうだ。

その一方で、ついついネガティブに強く反応してしまう。ささいなことですぐにイライラし、優しくなれない。親や先生や上司であれば、褒めるよりは叱ることのほうが多いし、ネガティブのほうがわれわれを動かすパワーが強いことを見抜いている。

嬉しいことはすぐに忘れてしまうのに、嫌なことはいつまでも覚えているのが、人間の本性だ。これをネガティビティ（悲観）・バイアスと呼んでいる。

職場の雰囲気を変えるために、「声かけとコミュニケーションを通して、明るい職場を築きましょう！」と、ノーテンキな中小企業診断士が主張するかもしれない。わかっていながら、明るい職場づくりがなかなか軌道に乗らないのは、そもそもポジティブの力は弱いものだからである。

肯定的言行は、職場をガラリと変えていくためには圧倒的に力が弱い。人を正しい方向に導くのに、叱ったり注意したりするのが当たり前だという考え方がまかり通ってきたから、なおさらだ。

「部下育成の基本は、褒めて育てること！」と、人事コンサルタントに諭されて、わだかまりを残しつつも、顔ではにこやかに、慣れない褒め方に戸惑う上司の姿が目に浮かぶ。相手の良いところを褒めて伸ばすのだから、一切ネガティブを口にしないようにしようと、固く心に誓う。

しかし、それは間違いである。ただやみくもに褒めればいいというわけではない。

ポジティビティの黄金比は3対1である。3対0の法則では決してない。人間だから、ネガティブをゼロにはできないし、ポジティブなことだけを口にしたとしても、周りからうすうす感づかれて、偽善者の烙印を押されてしまうのがオチだ。やれやれ。

ポジティブに光を当てていくのは間違いではない。しかし、ネガティブを消し去って、ポジティブだらけにするのが、目標であるわけでもない。そのバランスが問題なのである。

もう一度確認しよう。良くないことや悲観をゼロにするのではない。力の弱いポジティブな感情をたくさん集めてきて、ネガティブに押し切られないように、バランスをとる。

ポジティビティは非力である。ネガティブと比べてパワーが弱いので、束になってかからなければ、その良さが出ない。初めは明らかな効果をもたらさないが、ネガティブの3倍を超えたとき、初めて十分な働きが生まれてくることを知っておこう。嫌なこと1つについて、良いことが3つ以上ないと、どうも重い腰が上がらないのだ。

ふつうの職場では、ポジティビティ比は2対1くらいである。「ブラック企業でお先真っ暗」というのでもなければ、1対1を下回ることはない。しかし、職場が好転するには、それではまったく足りない。ネガティブ1に対して、ポジティブが3以上ないといけない。

「今日1日、嫌なことが起こらなければいいなぁ」と気をもむのであれば、ポジティブ感情を集めていこう。すると、自分自身が、あるいは職場がポジティブに傾いて、上昇のスパイラルに乗っていくようになる。

そして、職場のポジティビティを高めていくキーパーソンは、1人ひとりの従業員というより、職場をまとめている管理職なのである。

マネジメントには、問題解決のための着実な業務遂行が必要なので、思考の範囲や選択肢を狭めるのがよい。あれがダメだとか、これはまだやってないのかと、否定的なコメントが多くなる。ついつい上司は、ネガティビティの化身となってしまう。

だから、デキる管理職が真剣にマネジメントをしだすと、業務は完遂するものの、職場は疲れ切ってしまうことがある。多毛作で土地がやせてくるように、その管理職が去った後には、ペンペン草も生えないというのでは笑えない（www 大草原）。

リーダーシップは問題発見をめざすため、思考の拡張を求めていくのがよい。リーダーシップが花開いた後には、イキイキとして創造的な言動（ワイガヤ）が続く。だから、部下の立場で上司にいつも求めているのが、職場をイキイキとさせるような夢のあるビジョンと方針なのである。職場の管理や部下育成よりも、きっちりと方針を見定め、自分の言葉でぶれないビジョンを語ってほしいと、部下なら思うものだ。

ポジティビティの「3：1の法則」に従えば、管理職が仕事をまっとうするには、ネガティブが多くなりがちなマネジメントの方策と、ポジティブが多くなるリーダーシップの方策に、バランスをとる必要がある。つまり、管理職として職場をうまく握っていこうとするならば、マネジメントが1に対して、リーダーシップを3倍示していかなければならないのだ。

マネジメントにばかり注力してきた人には、そして、リーダーシップをまだ体得していない人には、これは結構しんどいことだろう。

「3：1の法則」が管理者の行動に当てはまるかどうかは、まだまだ仮説の域を脱していない。単なる思いつきとはいえないものの、その正しさが証明されていない。今後は、いろいろな職場で、その正しさを検証していく必要がある。

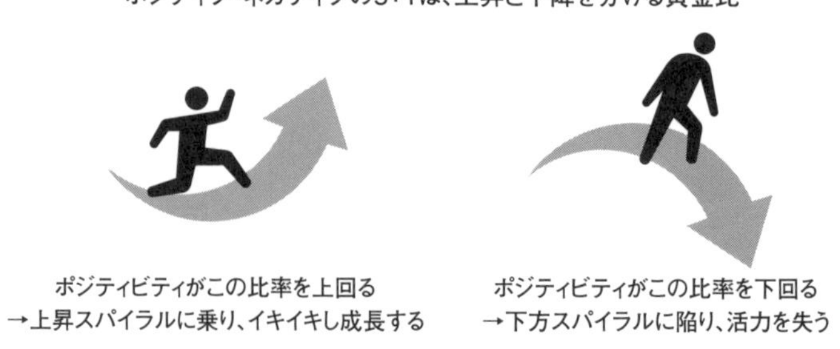


図5-2　ポジティビティの「3:1の法則」

## トヨタグループの調査からの示唆

マネジメントとリーダーシップは、ややもすると一緒くたにされてしまいがちだった。マネジメントとリーダーシップは似たものであり、なかなか分けて考える機会がなかった。

普段何気なく職場で働いていると、マネジメントもリーダーシップも管理者層が担う役割であり、マネジメントのポジションについている人にはリーダーシップがあると、ついつい考えてしまう。どちらも同じポジションに座る人が持つべき資質なので、取り立てて分けずに考えなくてもよかった。

しかし、本書の調査では、この2つの特性がはっきりと違う効果をもたらしていることがわかった。それをちゃんと区別して理解できることが、管理監督者となるための前提であり、同時に、部下からも求められているのだ。

わが国の職場では、仕事がきちんとできる人、すなわちマネジメントの才覚がある人が管理職に昇進するのが慣例だっただろう。それ自体は不都合ではない。きちんとできる人がマネジャーとなるのは、どの組織でも当然である。

しかし、南カリフォルニア大学のローレンス・ピーターによれば、組織の中で上のレベルに昇進をすると、まったく別の役割が求められるため、人はうまく立ち回れなくなるという。有名なピーターの法則[5]では、「階層組織では、従業員は誰も、自分の無能さがはっきりするレベルまで昇進するものだ（In a hierarchy, every employee tends to rise to his level of incompetence）」と指摘されている。

面白おかしくて、ドキッとする皮肉な法則としてまとめられているものの、これはまさしく、リーダーシップのことを言い表している。

マネジメントの才覚が認められて管理職に昇進しても、リーダーシップが発揮できなければ、その後の職場運営にも支障が出る。だから、マネジメントとリーダーシップを分けて身につけたい。

経営学の大御所ピーター・ドラッカーによれば、マネジメントとリーダーシップの違いは、一言で言い表せる。第2章でも取り上げたから、あえて「ドラッカーの法則」とでもしておこう。つまり、「マネジメントは物事を正しく行い、リーダーシップは正しいことをする（Management is doing things right. Leadership is doing the right things.）」ということだ。

ピーター・ドラッカーに心酔し、2つの違いがしっかりと頭に入っている管理職であれば、もう1人のピーターによるピーターの法則も忘れてはならない。マネジャーとして有能であっても、リーダーシップを身につけなければ、それ以上有能にはならないものだ。

## 管理職のレシピ

2人のピーターの法則の上に、ドミノ・ピザのクワトロ・ハッピー（4倍幸せ）のように、ポジティビティの「3：1の法則」をトッピングすれば、管理職としてどこでも売れるレシピが完成する。

つまり、マネジメント1に対して、リーダーシップを3倍乗せていくのが、管理職が成功するための秘訣なのだ。

チーズだけのプレーンな「冷めたピザ」では、どうしても食えないマネジャーとなってしまう。だから、マネジャーに求められるトッピングとして、二言目にはリーダーシップが挙げられる。ただし、リーダーシップが必要とされていながら、リーダーシップはなかなか身につかないという自己矛盾がある。

計画立案や作業調整などのマネジメント行動は、第一線管理監督者時代からの経験の積み上げで、学習する機会が多い。一方で、「ビジョンを語る」「将来像を示す」など、リーダーシップに欠かせない経験をする機会は、それほど多くはないだろう。

これは単なる印象論ではない。上司のほうでも、将来像を示し、価値観の共有や帰属意識を引き出すビジョン行動を、苦手と感じている。

管理監督者は、マネジメントを熱心に行っているだけでは不十分である。

求められているものは、これまでしっかりと実体が把握されてこなかったリーダーシップのほうだ。多様性《ダイバーシティ》をまとめることができる共通の言葉を使い、未来図を示し、１人ひとりに語りかける。そんなリーダーシップを発揮することが、グローバル時代の職場を活性化する。

管理職研修として、マネジメントに必要な財務・会計の知識ばかりを教授するのでは、頭でっかちだ。だから、管理監督者層に向けた今後の育成課題は、リーダーシップ研修の美名の下で忘れられてきたリーダーシップの本質、つまりビジョンの構築なのである。

管理職への昇進を敬遠する人が多いご時世である。その原因の１つは、マネジメントに疲れ切った上司を見ることはあっても、リーダーシップを見事に発現している上司を見ることが少ないからだろう。

マネジメントとリーダーシップは単なる言葉遊びではない。

乃木坂と欅坂の違いがわからなくても、マネジメントとリーダーシップの違いはわかってほしい。それが本書の願いである。それは、次代を創っていく経営人材には、なくてはならない２つの才徳なのだから。

# リーダーシップのビッグファイブ・パラダイム

chapter 6

## 経済学の盲点

リーダーシップは経済学とは相性が良くない。YouTubeやテレビのニュース番組を見れば、組織とリーダーシップについて、訳知り顔でコメントするエコノミストがいる。経営のことであっても、決まって声が大きいのが、エコノミストを自称する人たちだ。しかし、リーダーシップは経済学の盲点に入っている。

その理由は明らかだ。リーダーシップが資産として算出できないからである。「リーダーシップまるごとHOWマッチ」というのは、司会の大橋巨泉であっても、値段を当てるのがなかなか難しい。

読者の皆さんの中には、リーダーシップの価値を、社長の報酬額でおおよそ推定することができると考える人がいるかもしれない。たとえば、「日産リバイバルプラン」とともに日産自動車をV字回復に導き、当時、企業改革の模範ともいわれたカルロス・ゴーン。わが国の役員報酬制度にも風穴を開けた立役者だ。

約20年にわたり日産に君臨したMr.ビーン似のリーダーは、有価証券報告書に虚偽の記載をした金融商品取引法違反容疑で逮捕された。そして保釈中に、プライベートジェットを使ったハリウッド映画並みの大逃亡劇で、自宅のあるレバノンに逃れた。

彼の日産での報酬額は、訂正後の数値で見ても、なんとなんと、2014年が23億1300万円、2015年が22億1300万円、2016年が28億9400万円、2017年が37億4000万円、2018年が28億6900万円であったという。

これがリーダーシップの値段かと考えてしまうと、嘆かわしい。こんな強欲さがリーダーシップの金銭的価値を正しく示しているとは思えない。その一方で、日本航空（JAL）が経営破綻したときに、誰もが嫌がる代表取締役会長職という火中の栗を拾っただけでなく、JALをV字回復に導いた稲盛和夫。その報酬額は、こちらも負けずにビックリ。無報酬だった。

稲盛 vs. ゴーン。破綻寸前の会社を再建するというリーダーシップの真髄でさえ、0円から約30億円の開きがある。

もう一度言おう。リーダーシップは算定できない。だから、経済学では扱うことのないテーマなのである。経済学の理論にはなじまないという理由もあるだろう。また、現在価値という形で、将来をすべて現在に置き換えて考えようとするエコノミストにとっては、お金では測れない未来の姿や、次世代の社会を形作るために欠かせないリーダーシップを論じるのは、二重の意味で雲をつかむような気持ちになってしまう。

これに対して、経営学と心理学では、リーダーシップは、モチベーションと並んで最も多くの検討がなされてきたテーマの1つである。[1) ]実務でも研究活動においても、これまで多くの注目を呼んできた。

ラルフ・ストッグディル[2)]やバーナード・バス[3)]といったリーダーシップの大御所が、積年の努力でまとめ上げた『リーダーシップ・ハンドブック』を見れば、レビューされた先行研究が7000にのぼることに驚愕する。それだけ重要で、多くの関心を引いてきたテーマなのだ。

## ビッグファイブ・パラダイム

リーダーシップについて、研究史という観点から覚えておいていただきたいことがある。それは、リーダーシップの研究には5つのパラダイムがあることだ。[4)]

①特性理論、②行動理論、③条件適合（コンティンジェンシー）理論、④リーダー・メンバー交換関係（LMX）理論、⑤変革型（カリスマ型）理論がその5つであり、リーダーシップのビッグファイブ・セオリーと呼ぶのがふさわしい（図6-1）。

図6-1　リーダーシップのビッグファイブ・パラダイム

わが国ではリーダーシップが学問として、たくさんの大学で教えられているわけではないし、一般書でも、先人たちの知恵が広く紹介されているわけでもない。リーダーシップ論はあっても、リーダーシップ学はない。おまけに、ビジネス学部やマネジメント学部やキャリア学部など、カタカナが氾濫している経済・経営系の大学でも、リーダーシップ学部というのはない。

だから、リーダーシップの本質を知るために、一応の学説を押さえておくのがよい。大学の期末試験に出るわけではないけれど、アメリカのビジネススクールやグロービスでMBAの学位を取ろうと考えている人なら、予習しておくのも悪くない。

ただし、アメリカンなテイストが強すぎるかもしれないから、胸やけや胃もたれにご注意を。

リーダーシップの学説と研究は、「リーダーシップの国」であるアメリカ合衆国で、さかんになされてきた。いうなれば、学問としてまとめられたリーダーシップは、チーズバーガーとコーラのように濃い味付けがされている。リーダーシップというメニューは、バタ臭くって、ご飯と味噌汁に慣れた人の口には合わないかもしれない。

抹茶ラテや明太子パスタやマグロのカルパッチョなどに慣れて育ってきた世代には、バタ臭いという感じはどうもわからないかもしれないが、どんな食材も簡単に手に入るグローバル時代では、もはや味覚に国境はない。リーダーシップの学説も、和風にアレンジして、自分の口に合うように調理したいものだ。

## リーダーシップの特性理論

まず第1のアプローチは、リーダーが持っている特性を割り出そうという流れである。それは特性理論といわれている。

リーダーシップとは何かを知ろうとすれば、最もシンプルなアプローチは、優れたリーダーや歴史上の人物が備えている個人的資質や特性に、光を当てることである。リーダーシップといったら、優れた人物の言動から学ぶのが一番だと思われている。

今は伝記というのは流行らないが、それでも、堺屋太一が論じた『日本を創った12人』[5) ]を読み、聖徳太子や源頼朝、織田信長、徳川家康、渋沢栄一、大久保利通、池田勇人など、偉人の足跡から学ぶことができる。ビジネスの世界であれば、松下幸之助、本田宗一郎、安藤百福、小倉昌男などの名経営者から、リーダーシップを学ぼうとする。歴史は偉人によって創られる。歴史から学ぶことは多い。

リーダーシップ研究の初期でも、ナポレオンやリンカーンといった英雄や偉人の評伝とか、学術研究などを集めてみて、リーダーと見なされる人物がふつうの人々と違っている点を明らかにしようとした。年齢、体格、容姿などの個人属性や、出自、教育水準、社会的地位、経済的背景などの社会的背景だけでなく、知性、主体性、雄弁さ、権力欲、権威意識など、個人のパーソナリティにかかわる心理・行動面の要素にも違いを求めようとした。[6)]

なかでも有名なのが、リーダーシップ研究の大御所ラルフ・ストッグディルによるものだ。リーダーの特徴について記載のある100を超える著述と研究をレビューして、27の特性因子にまとめている（表6-1）。[7]

| 分類枠組み | ストッグディルのまとめ | カークパトリック＝ロックのまとめ |
|---|---|---|
| 個人属性 | ①年齢 | ①気力 |
| ・年齢 | ②支配性 | ②リーダーシップ・モチベーション |
| ・体格 | ③身長 | ③正直さ・誠実性 |
| ・容姿 | ④積極性 | ④自信 |
| | ⑤体重 | ⑤知性 |
| 社会的背景 | ⑥体力 | ⑥ビジネス知識 |
| ・出自 | ⑦責任感 | |
| ・教育水準 | ⑧容姿 | |
| ・社会的地位 | ⑨誠実性 | |
| ・経済的背景 | ⑩雄弁さ | |
| | ⑪自信 | |
| パーソナリティ（心理・行動面） | ⑫知性 | |
| ・知性 | ⑬幸福度 | |
| ・主体性 | ⑭学業成績 | |
| ・雄弁さ | ⑮情緒安定性 | |
| ・権力欲 | ⑯知識 | |
| ・権威意識 | ⑰社会経済的地位 | |
| | ⑱判断力 | |
| | ⑲社会的活動 | |
| | ⑳洞察力 | |
| | ㉑エネルギー | |
| | ㉒独創性 | |
| | ㉓社会的スキル | |
| | ㉔適応力 | |
| | ㉕人気 | |
| | ㉖外向性 | |
| | ㉗協力 | |

表6-1　リーダーシップ特性のまとめ [8]

①年齢、②支配性、③身長、④積極性、⑤体重、⑥体力、⑦責任感、⑧容姿、⑨誠実性、⑩雄弁さ、⑪自信、⑫知性、⑬幸福度、⑭学業成績、⑮情緒安定性、⑯知識、⑰社会経済的地位、⑱判断力、⑲社会的活動、⑳洞察力、㉑エネルギー、㉒独創性、㉓社会的スキル、㉔適応力、㉕人気、㉖外向性、㉗協力である。

表6-1の右欄には、リーダーシップに求められる特性を①気力、②リーダーシップ・モチベーション、③正直さ・誠実性、④自信、⑤知性、⑥ビジネス知識としてまとめたシェリー・カークパトリックとエドウィン・ロックによる類型を合わせて示している。

なんとなく感じているだろう。こんなふうにリーダーシップをまとめようとしたのは、どうしてか？　So what?

学者の生真面目さでいろいろ特長を挙げてみたものの、そのリストが長すぎて使えないと思う。さらに輪をかけて残念なのが、偉い人の目ぼしい点を眺めてみても、共通した属性というものが明らかにならないことだ。

歴史をさかのぼれば、たいていは生まれや家柄が良くなければリーダーにはなれなかったし、親から帝王学を学ばせられて、ふつうの人々より知性が高いという特長を持っている。また、人を率い支配する立場なので、口が達者で雄弁さや支配的態度を示すことが多い。原稿棒読みなんてこともない。そんな印象がある。

しかし、研究を進めていけば、ふつうの人々と比べて、常にリーダーを際立たせているような特性は見出されなかった。[9] それが特性理論の1つの結論だし、限界でもある。当時のおおかたの予想に反して、英雄や偉人の持っている特性は、リーダーシップの強力な要素とはならなかったのである。

リーダーもふつうの人と変わらない。リーダーの優れた特長から何らかのヒントを得ようとする試みは、これで、ひとまず捨て去られた。

家柄や生まれではなく、ふつうの人がトップに立つ時代であれば、リーダーの特性に特別なものを読み込むことはない。そもそも生まれ持っての属性が、本当にリーダーシップなのかという疑問もわいてくる。

リーダーの強みばかりを探そうとするのが、皮肉にも、リーダーシップ特性理論の弱みである。弱みを転じて強みとする逆転の発想が支持される時代だから、弱虫のリーダーシップのほうがウケる。メンタリストDaiGoに心酔して、弱みを強みに変えようと心に誓っても、生易しいことではないのだ。DGDG（DAIGOの大誤算。別のDAIGOだけど）。

そもそも人の性格や特徴に、強みも弱みもない。それを決めるのは本人の考え方（マインドセット）である。同じ特性を弱みだと感じれば弱みになり、強みだと信じれば強みとなる。

そして、マインドセットを変える方法も知られている。たとえば、ペンシルベニア大学のマーティン・セリグマンが所属しているペン・ポジティブ心理学センター[10]では、ものの考え方を変える試みを、もっぱら中高生を対象にして、レジリエンシー（回復力）プログラムとして実施している。ネガティブなものの考え方を打ち消す反論の能力を高めるものである。

しかし、効果はあったりなかったりで、結果は一貫しない。その効果は微妙だ。それくらい、個人の特性への介入は難しい。

## リーダーシップの行動理論

リーダーシップの視点は、リーダーの生まれ持った特性というものから離れて、リーダーのポジションに任命されたふつうの人々が、その時々でどのような行動をとればよいかという、行動の面に着眼点が移された。行動理論と呼ばれる流れである。

任されてリーダーとなった人が、メンバーに対してどのような行動をとるかが、リーダーシップの有効性を決めるカギを握ると考えられたのである。

偉人や傑出した人材から学ぶことは少なくないが、いかんせん、自分とは立場が違いすぎる。傑出した人材の言動を、自分の身の丈に合わせて考え直すというのも、決して易しいことではない。だから、ふつうの人でもできる行動に目を向けるのは、リーダー育成のためには好都合だ。

リーダーとして生まれるのではなく、行動を通してリーダーになるのだ。

リーダーシップ研究の転機となった行動理論は、実は軍事研究から始まった。産業心理学の聖地の１つであるオハイオ州立大学が、リーダーシップを把握するために、爆撃機機長の研究に着手したのが始まりである。[11]

対象となったのは、日本全土を火の海に変え、原爆を投下した戦略爆撃機。「超空の要塞《スーパーフォートレス》」という別名のあるボーイング社製 B-29 である。

11 人乗りの大型爆撃機では、機長・副操縦士・航法士・爆撃手の士官が、通信士や機銃手など 20 歳そこそこの若い兵士を率いて、難しい爆撃ミッションを遂行する。機長《コマンダー》がリーダーであり、搭乗員管理、攻撃目標の設定、機体点検、武器装備点検、爆弾装填、部隊編成、集合地点・中間チェックポイントの確認、天候予想、敵国の防衛力評価、作戦行動、敵戦闘機からの防御、攻撃報告、被害報告など、さまざまに高度化した業務をチームで行う。

そのとき、優れた戦績を残すリーダーと、ふつうのリーダーとはどこが違っているのか？　部下の視点から見たら、ついていきたいリーダーと避けたいリーダーはどう違うのか？

アメリカは、戦時にさまざまな戦略兵器（たとえば、レーダーや原爆など）を開発してきた。そして、それと同じぐらい重視してきたのが、リーダーシップである。もちろん、リーダーシップは戦争のためではない。終戦後には、民間企業や学術機関やスポーツチームでのリーダーシップの調査測定を伴い、研究からわかってきた発見を現場に実践する試みが、広がりを見せていったのである。

リーダーシップの行動理論としてひとくくりにされるたくさんの研究は、どれも共通して 2 つの行動次元を見出している。それは、業務にかかわる行動と対人関係にかかわる行動だ。

オハイオ州立大学の研究[12]では、目標達成を重視し、計画や仕事の割り当てなどを取り仕切る「構造づくり」行動と、部下の気持ちや個人的問題に関心を示し、上下間の信頼関係と意思疎通を重んじる「配慮」行動を、1 人のリーダーが、それぞれどのくらい発揮しているのかを、部下の立場から行動観察する。

オハイオ州立大学研究と並んで、リッカート尺度で有名なレンシス・リッカートが率いたミシガン大学の研究[13]では、仕事の技術面を強調し、業務達成のために部下にルールや手順を守らせる「仕事中心型」の監督方法と、部下を尊重し、人間関係に配慮する「従業員中心型」の監督方法のどちらを得意とするリーダーなのか、そのタイプが分けられる。

わが国でも同時期に、リーダーシップの研究が進んだ。九州大学と大阪大学で教鞭をとった三隅二不二が提唱したPM理論[14)]によって、集団の目標達成を促進する「P機能」(performance)と、集団が崩れてしまわないように維持強化する「M機能」(maintenance)が確認されている。

さらに、ハーバード大学[15)]では、議長や書記といった役割をあらかじめ決めずにグループ討議を行ったときに、課題に集中し、問題解決に向けてグループを動かしていく「課題リーダー」と、グループ内の緊張や葛藤を解決し、グループにまとまりを持たせるよう働きかける「社会情緒的リーダー」の2人が、自然に生まれてくることを突き止めた。2つの行動要素ではなく、2人のリーダーが自然発生するというのがポイントだ。

理論的発展に加えて、行動測定の方法にも目を向けてみよう。リーダーシップの行動理論では、リーダー本人の自己評価や部下からの行動観察を通して、リーダーの行動を可視化することがカギを握っている。部下からの上方評価や360度評価の先駆けである。

そして、軍隊、企業、学校、スポーツチームなどのさまざまなグループから得られたデータを、当時の先端的統計解析方法である因子分析によって解析することによって、リーダーの行動を測定する尺度が生み出されてきた。

業務と対人関係という2つの行動はきわめて常識的であり、わかりやすい。先行研究を統計的にレビューしてみれば、課題行動と対人関係行動の両方が、部下の成果、組織の成果、離転職、職務満足、組織コミットメント、仕事外の貢献など、さまざまな効果を生み出していることも報告されている。

われわれは、職場のことをいろいろ考えるときに、何かといえばつい、仕事か人間関係かという二分法で考えてしまう。そういうクセがある。

職場の良いところといえば、仕事をうまく達成して嬉しかったとか、職場仲間と一緒にいてホッとするとか。会社をやめようと思うのは、業務が多く仕事のプレッシャーがきつすぎるか、職場の人間関係が良くないということに、だいたい決まっている。

管理職のリーダーシップを評価するときでも、業務面と対人関係面の2

つの行動を見ていきたくなるものだ。仕事がデキて業務をキリキリ回していける上司なのか、人情味にあふれ周りにいろいろ気を配ってくれる上司なのか。

リーダーの行動を捉えるこの2つの次元は、リーダーシップの「不動の2軸」ともいわれている（表6-2）。[16] そして、この不動の2軸の行動の両方を、1人のリーダーが取ることができれば、最も効果的なリーダーとなる。

| 仕事・課題関連 | 対人関係 |
|---|---|
| Fleishman, et al.(1955)<br>・構造づくり | ・配慮 |
| Blake and Mouton(1964)<br>・生産への関心 | ・人間への関心 |
| Likert(1961)<br>・仕事中心型 | ・従業員中心型 |
| Bales(1950)<br>・課題リーダー | ・社会情緒的リーダー |
| 三隅(1966)<br>・P機能 | ・M機能 |
| Kotter(1982)<br>・アジェンダ設定 | ・ネットワーク構築 |

**表6-2　リーダーシップ「不動の2軸」**[17]

1人のリーダーが両方を示すことができなくても、自分に欠けている行動を、誰か自分の右腕になる人が分け持ってくれれば、最高のリーダーシップのシェアリングになる。

そう、理論的には。あくまで理論の上では。

現実には、「♪人生いろいろ、男もいろいろ」、「リーダーだっていろいろ咲き乱れるの」。あっ、しまった。歌詞を間違えた。しまったしまった、島倉千代子（大阪名物パチパチパンチの島木譲二さん、おおきに）。

だからリーダーにとって、2つの行動がゾロ目になっても、それがベストと言い切れないところがつらい。

## リーダーシップの条件適合理論

効果的なリーダーシップは状況に依存する。ある状況でうまくリーダーシップを発揮していても、別の状況ではうまくいかなくなってしまうことがある。すごいリーダーもさえないリーダーも、状況次第。それが第3の流れ、条件適合（コンティンジェンシー）理論である。

コンティンジェンシー理論では、リーダーの行動とリーダーを取り巻く状況とが、お互いに作用し合うことを考えに入れることで、リーダーシップの状況依存性を明らかにしようとした。

仕事の特性、権限の大きさ、グループ内の対人関係、部下の能力などが、リーダーシップに影響する状況要因として考えられている。

最も有名なコンティンジェンシー理論は、ワシントン大学のフレッド・フィードラーによって出されたものである。[18] リーダーとメンバーの関係が良好であること、仕事の進め方が定型的であること、リーダーに多くの権限が与えられていることの3つを、状況がリーダーにとって有利か不利かを決める要因だと考えた。そして、どの場面でどのようなリーダーがうまくいくのかを理論化した。

上下関係が良く、仕事のやり方が決まっていて、リーダーに権限が多く与えられている理想的な状況と、逆に、上下関係がギスギスしていて、業務が不定型で、リーダーに公式の権限が少ないという、職場がまったく良くない状況では、部下を無理やり引っ張っていくような課題志向のリーダーが効果的である。

その一方で、状況がリーダーにとって好ましいとも好ましくないともいえない、どっちつかずのケースでは、部下に配慮を示す対人関係志向のリーダーが効果的であることを明らかにした。これが条件適合理論の嚆矢《こうし》となったのである。

仕事を取り巻く環境要因を視野に入れたコンティンジェンシーの考え方で、最も広く知られているのが、ポール・ハーシーとケネス・ブランチャードが提唱したSL（シチュエーショナル・リーダーシップ）理論[19]

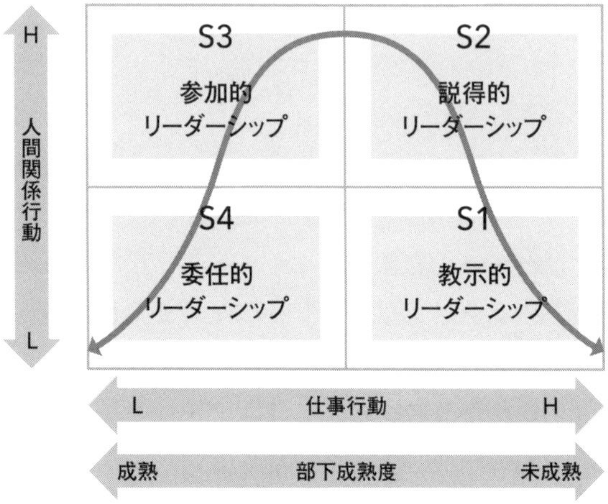


図6-2　SL理論

である（図6-2）。

蒸気機関車みたいな名前なので、遠い昔の記憶とともに、どこかのビジネス研修で聞いたことがあるかもしれない。

SL理論では、部下の成熟度を、リーダーにとっての状況要因と見なす。それにリーダー行動の不動の2軸をかませる。

部下の成熟度が最も低いケース（S1）では、具体的に業務の指示を行い、事細かに監督する教示的リーダーシップ（仕事志向が高く、人間関係志向の低いリーダー行動）が適切である。部下が少し成熟してきたケース（S2）では、仕事の指示も与えながら、部下の感じる疑問にも丁寧に答える説得的リーダーシップ（仕事志向も人間関係も高いリーダー行動）が良い。

部下の成熟度がさらに上がれば（S3）、おおよそ部下が自分なりの考えや仕事のやり方を身につけているので、部下と考えを合わせて決められるような参加的リーダーシップ（仕事志向が低く、人間関係志向の高いリーダー行動）が適切である。そして、部下が成熟しきった場合（S4）には、もはや指示命令はうっとうしいだけで、部下に職務遂行の責任を委ねる委任的リーダーシップ（仕事志向・人間関係志向ともに低いリーダー行動）が良いことになる。

わが国の職場を眺めてみても、新人の部下が気がかりで、上司が深く目をかけるのは3年くらい。「石の上にも三年」で、同じ職場に3年も勤め続ければ、そこそこ仕事を覚えてくる。そうすると、上司は部下のことをほったらかしで、エンパワーメントという名の下で、自由放任となる。会社で窓際に追いやられる「放置プレイ」というのはうまくないが、SL理論を地で行って、放任している上司もいるのではないか？

状況の効果をもっと強力に押し進めると、リーダーシップはそもそも必要なのかという疑問に突き当たる。その問題に迫ろうとするのが、リーダーシップ代替理論[20]である。

代替理論では、リーダーシップの効果を麻痺させる中和要因と、リーダーシップの機能に取って代わる代替要因という2種類の状況要因を考えている。とりわけ、状況が許せばリーダーシップは要らないことを意味する代替要因のほうが、その影響はパワフルだ。

たとえば、部下の能力がきわめて高く、指示されなくても自律的に仕事をこなせる場合には、部下の能力はリーダーシップに取って代わる要因となる。SL理論（S4のケース）が指摘するように、部下の能力が高ければ、仕事の自律性やエンパワーメントを許すのが、あるべき部下管理の方法だ。リーダーからの指示命令や、細かい「報連相」は要らない。上司としては、いろいろ不安になるけれど、そこは辛抱だ。

第一生命が毎年募集している『サラリーマン川柳』では、『「課長いる？」 返った答えは 「いりません！」』（ごもっとも作）と詠まれている。皮肉にも、優秀な部下が揃っていれば、リーダーシップがそもそも不要となるものだ。

日本の職場では、二言目には「人材育成」が挙がってくる。上司の仕事は部下を育成することと、固く信じている人も少なくない。反対に、自分の子どもだって思ったように育たないのに、どうやって部下や後輩を育成すればよいのかと、自信を失っている管理職もいる。だから、一度考えてみてほしい。

自分のおかげで部下が一人前に育っても、部下が勝手に育ったとしても、そんなときにはリーダーとしての自分の役割は要らない。頻繁な「報連相」を求めるのは、かえって部下のじゃまになる。じっと我慢して、本人に任せる親心が大切だ。フリーとコントロールのバランスを、相手に合わせながら、どのようにとっていくか。

リーダーシップの効果は限られているというのが、コンティンジェンシー理論の導き出した結論である。状況を考慮に入れるということは、つきつめると、状況要因がリーダーの影響力を凌駕してしまうことにつながる。

職場で従業員の行動をコントロールするためには、状況の影響が大きい。そのことを素直に認め、リーダーがあれこれ策を講じるよりも、状況を整えることに尽力すべきだということを、コンティンジェンシー理論は示唆している。

リーダーシップとは、自分個人の影響力で周りを動かすことと考えるのであれば、職場の環境整備というのは、どこか補修作業のような響きがあって、なんとももどかしい。しかし、上司として大切な働きかけでもある。

## リーダー・メンバー交換関係(LMX)理論

リーダーの人となりや言動にもっぱらの注意が集まるのが、ここまでのリーダーシップ理論の習い性だった。リーダーだけに目を向ける１人モデルといってもよい。リーダーシップだから、リーダー個人に光を当てればよいというのは、当たり前のことだ。

しかし、リーダーとフォロワーの間柄を考慮する新たなパラダイムが登場した。それが第４の流れ、リーダー・メンバー交換関係（LMX）理論[21]である。

LMX 理論では、上司と部下という２人の間柄をモデルに組み入れることで、リーダーシップに大きな転換点を与えた。リーダーが率先垂範して先頭を走っていても、後ろを振り向いたら、ついてくる人が誰もいなかったというのでは、笑えない（笑）。いわゆる「裸の王様」では困ってしまう。リーダーシップが成り立つためには、リーダーの行動だけでなく、フォロワーとの関係も考えに入れることが必要なのだ。

リーダーは部下1人ひとりと、それぞれ質の異なった関係を結ぶ。よそよそしい部下もいるし、取り立てて言うほどのこともないふつうの部下とは、仕事でも深い間柄にはならないだろう。

反対に、深い信頼関係に基づいて緊密に連携を持つ部下もいる。ちょっと昔であれば、仕事帰りに、上司と連れ立って飲みに行ったり、上司に同伴してゴルフをしたり、果ては上司の引っ越しの手伝いをするなんてことも、よくあった。

影響力のある上司の下で、公私にわたってつながりが深まれば、部下にとっては、仕事の面でもキャリアの面でも、引き上げてもらえるメリットがある。そんな関係性を、質の高いリーダー・メンバー交換関係（LMX）と呼んでいる。

会社は学校ではないので、先生のように誰にも分け隔てなく接することが、上司に求められているわけではない。ひいきされない部下の立場からすればちょっと気にさわるが、上司がデキる部下をかわいがるのも、自然なことだ。

アジア人として初めてFCインテルナツィオナーレ・ミラノ（FCIM）の黒と青《ネラッズーロ》のユニフォームを身につけた長友佑都選手。その持ち味は、無尽蔵のスタミナや体幹の強さだと思われがちだが、もっとスゴイのは、多くの監督からかわいがられる教わり上手（コーチャビリティ）であることだ。

コミュニケーションの鬼を自称する長友。[22]「コミュニケーションの世界大会があったら優勝できるはずです」（長友談）。だから、どんな監督の下でも、心を割って、懐に飛び込んでいける。「イヤな監督や先輩もいますけど、そういう人でもイイ部分を見つけて好きになる。好きになれたらイヤな気持ちはしませんから」。

そして、密なコミュニケーションから監督の期待を正しく理解し、成長につなげていく。長友をインテルに呼んだレオナルド監督（元鹿島アントラーズ）も、「長友は私の要求したことにちゃんと応えてくれる」と語っている。

**図6-3　リーダー・メンバー交換関係（LMX）理論**

LMX理論では、ふつうの上下関係をアウトグループ（ソト集団）、質の高い上下関係をイングループ（ウチ集団）というふうに分けている。そして、気心の知れたイングループの部下との間には、仕事以外でも質の高い関係を保ち、その間柄が部下の高い生産性、職務満足、組織コミットメント（忠誠心）、仕事外での貢献などにつながることを示している。いわゆるバディの関係を理論に持ち込んだのだ。

個人主義の国アメリカで発展してきたリーダーシップの理論なのに、なぜ上下関係が持ち込まれたのか？

LMX理論が体系化される前、上司と部下の「垂直的二者連環（VDL）」という考え方[23]が、イリノイ大学のジョージ・グレンによって提唱された。リーダーシップがリーダー個人の属性であれば、態度や行動はふつうは一貫するものだ。ジキル博士とハイド氏のような二重人格でもなければ、状況や部下によってそれほど大きく変わることはないだろう。

しかし、上司の行動をよく眺めていると、状況に応じていろいろ使い分けているように見える。上司は部下の態度によって行動をいろいろ使い分けている。それはコンティンジェンシー理論が示してきたこととも相通じる。その考えをさらに進めれば、上司と部下がともに相互作用して、新しい役割関係を作り上げていくという考え方に行き着く。

上司は、部下の態度を見て、「鬼にもなれば仏にもなる」ということだ。

VDL理論のもととなった調査データの一部は、慶應義塾大学の南隆男と佐野勝男、名古屋大学の若林満の３名によって、わが国の百貨店からも取られている。[24] 85名の新卒従業員とその上司とを、長期にわたって追跡した調査の結果からわかったことは、入社３年目までは、上司と部下の関係が良好で、かつ部下の潜在能力が高い場合にだけ、早い昇進につながるということである。良い上下関係と部下の高い能力が揃っていれば、キャリアへの影響は大きい。

一方、入社７年目では、上下関係と部下の能力の相乗効果は限定的だ。たいていはそこそこ昇進していくのであって、上下関係が良くなくて、部下の能力が劣る場合にだけ、昇進に悪影響が出るという結果になっている。

上司と部下の人間関係がパッとしなければ、お互いにシラケてしまう。それでも、部下の能力が高ければ昇進に影響しないが、さえない部下の場合には、シラケは負のスパイラルを生む。

つまり、キャリアの早期では、良好な上下関係はキャリアの引き上げ効果を持つが、勤続が長くなれば、上下関係の悪さの影響が現実味を帯びてくる。上下関係の良さ悪さが、部下の能力の高さ低さと相互作用するということだ。

上司と部下の二者関係が大切だというのは、関係性を大切にする東洋の知恵である。中国のビジネスでは、そもそも「関係《グワンシ》」があらゆるカギを握っているのは、ご存じだろう。[25]

リーダーとメンバーの関係の質が高いというのは、お互いに仲が良くて、上司の対人影響力が発揮されやすい状態を表している。面倒見や絆といった職場のやり取りを表しているといってもよい。リーダーが上から目線で一方的に影響力を発揮するのではなく、上司と部下の関係性の中にこそ、リーダーが影響力を発揮する原点がある。

ただし、留意すべきポイントがある。パワハラやセクハラが問題になりやすい現代では、異性間はおろか、男性上司・男性部下の間柄であっても、質の高いLMXを作り上げるのが難しくなっている。くれぐれも『おっさんずラブ』（田中圭・吉田鋼太郎主演、テレビ朝日）の世界に迷い込まないように。

## 変革型リーダーシップ理論

組織だから長がいるのは当然。それも年長者がなるものと思っていた。しかし、組織のトップにリーダーシップがあるとは限らない。傍から見ていると、組織の上層に座っておられるお偉いさん方に、リーダーの心構えが見えないことに、不安を覚えてしまうこともある。

わが国のケースでは、政府であっても、省庁であっても、企業であっても、組織のトップが重大な意思決定を渋って先送りにしたり、言質をとられないよう煮え切らない発言をして、責任逃れをしたりする。そんな姿を見て、リーダーシップが心配になる。

「変化の激しい時代」とよくいわれる。終戦後の昭和、平成、令和の時代を通して、何かにつけ環境変化の激しさが強調され、耳にタコができるくらい聞き飽きたフレーズだ。変化に対応するためには、組織のトップにも、組織自体にも、絶え間ない自己変革が求められている。学説史の中でも、個人の特性を土台にしたリーダーシップを再認識する価値観の揺り戻しがあった。

リーマンショックにコロナショック。世界的な不況がたびたび経済を襲い、その大波に組織がのまれ、社会に閉塞感が漂い、1人ひとりが立ちすくんでしまう。それをなんとか打破してほしいという期待から、リーダーを待望する雰囲気ができあがる。

組織が硬直して、歯止めが利かなくなったときこそ、個人の強いリーダーシップによって、組織の悪癖を打破してほしいという大いなる期待と責任が、リーダーシップに込められてきた。それが第5の流れ、変革型リーダーシップ理論である。

なぜ組織にはリーダーが必要なのか？

このシンプルな問いに対して、変革型リーダーシップが出した答えも、またシンプルである。つまり、リーダーシップの本質とは、職場を管理することではなく、組織を変革することにある。リーダーシップの機能は、一にも二にも、変革なのである。

組織を変革できなければ、リーダーシップの意味はない。ただ重石のように鎮座しているのが、リーダーではない。変革というのがキーワードだから、「白いキャンバスに自由に描く」創業者のように、まったく新しいものを創り出すしがらみのないものの考え方ではなくて、「古いロープを解いては、また編み直す」ような苦労を引き受けるのが、変革型リーダーシップの要諦なのである。[26]

改革型リーダーシップではない。言葉は近いが、そこを取り違えないでほしい。名前の由来となっている変革は、英語ではトランスフォームであって、改革を意味するリフォームではない。

リフォームというとお家の修繕をイメージしてしまうが、今リーダーシップに必要なのは、土台から建て替えを行うほどの組織とチームの大改革なのである。

トランスフォームと聞いて、青地に赤い炎をあしらったピータービルト社のトラックや黄色いシボレー・カマロが、変形してロボットになる姿を想像してしまうのも仕方がない。おたまじゃくしがカエルになるように、元の形がわからないくらい変わること。それがトランスフォームなのである。

変革型リーダーシップは、いくつか異なる名前で呼ばれている。その名のとおり、組織を変革するために、既存の価値観や思考様式、部下の態度などを変えていくことを強調する「変革型リーダーシップ理論」[27]が最も有名だ。

また、部下からの精神的帰依を引き出す特性に着目する「カリスマ型リーダーシップ理論」[28]や、ビジョンや将来像を語り、その実現に向けて部下をコミットさせる「ビジョナリー・リーダーシップ理論」[29]など。変革をキーワードとして、似たような理論が次々と登場することによって、リーダーシップ理論は新しい地平を迎えたのである。

この３つの理論（変革型リーダーシップ、カリスマ型リーダーシップ、ビジョナリー・リーダーシップ）は、名前は違っていても、基本的には同じものだと考えてよい（表6-3）。[30] これまでのリーダーシップ理論にはない、いくつかの特筆すべきポイントを共有しているからである。

| 変革型<br>リーダーシップ | カリスマ型<br>リーダーシップ | ビジョナリー・<br>リーダーシップ |
| --- | --- | --- |
| ・メンバーの尊敬や忠誠を勝ち得るような影響力を示す<br>・求めるべき将来像をビジョンとして示し、モチベーションを鼓舞する<br>・常識に疑問を投げかけ、創造的で知的な刺激を与える<br>・メンバー個々人に配慮を示し、目標に向かって主体的に取り組ませる | ・ビジョンの表明<br>・環境への感受性<br>・型にはまらない行動<br>・個人的リスク<br>・メンバーのニーズに対する感受性<br>・現状維持の否定 | ・ビジョンによる結束<br>・コミュニケーションによる説得<br>・方向づけによる信頼獲得<br>・自己開発 |

**表6-3　変革型リーダーシップにかかわる3理論**[31]

①組織の変革や、きわめて難しい目標の達成を指向すること、②ビジョンというシンボリックでスピリチュアルなアピールを多用すること、③フォロワーに高いモチベーションと、コミットメントを求めることなどが、共通の特徴として挙げられている。[32]

わが国では、組織やグループの長に立っていても、前例を踏襲して、波風が立たないように気配りしたり、不祥事があっても頭を下げるだけで乗り切るといった風潮がある。母親の口添えで「頭が真っ白になっていた」と語った船場吉兆のお詫び会見、まるで被害者のような立場で隠された事実を淡々と述べた関西電力の謝罪会見など、最近の組織の事例では、組織のトップの気概のなさや責任逃れなどが目に余る。変革型リーダーシップは、それとは対極にある。

変革型リーダーシップ理論は、部下から必死の努力を引き出すリーダーの情動面を大切にしているものの、リーダーの行動面に着眼して研究を進めている。最も頻繁に用いられているのは、「多因子リーダーシップ質問紙（MLQ）」[33]と呼ばれるものであり、変革型リーダーシップの要素として4つの行動――①カリスマ、②鼓舞、③知的刺激、④個人的配慮――を測定する。

変革型リーダーシップのメソッド（MLQ）で測ったからといって、リーダーのビジョンやカリスマチックな言動だけが評価されているわけではない。研究の文脈では、管理職が報酬でインセンティブを与えたり、契約をベースに表面的に部下に応対する「取引型リーダーシップ」と、部下にすべてを任せて本人の自由にさせる「自由放任型リーダーシップ」に対比して、部下に勇気を与えたり、配慮したり、知的な刺激を与えることを「変革型リーダーシップ」としている。誰でも心構えができていればやれそうな行動なので、ホッと胸をなで下ろすことができる。

変革というと、何が何でも組織を変えればよいと、思い込んでいる人もいる。だが実際は、変えてはならない部分をどう維持するかが、変革の成否を握っていることもある。「変革！変革！」と騒ぐコンサルタントは、変化ばかりを求めさせる。だから結果的に、何も変わらないということにもなる。

トヨタグループの調査（第4章、第5章）との兼ね合いでいえば、変革型リーダーシップのカギを握っているのが、ビジョンを語るということである。ビジョンは生半可には生まれるものではない。第11章で取り上げる特別な研修を受けでもしない限り、そう簡単には身につかない。

変革を起こすためには、ビジョンを通して将来を描くことが何より大切だ。そして、自分のビジョンに共感してくれるシンパを、どれほど多く組織内に生み出すことができるか。一方、組織内に抵抗勢力を不用意に生まないようにするためには、変えたい部分と変えてはいけない部分を見極める、確かな目も欲しい。

アメリカの神学者ラインホルト・ニーバーは、「静謐の祈り」として、こう続ける。

> 神よ、変えられるものを変えるだけの勇気をお与えください。
> 変えられないものを受け入れる静謐さをお与えください。
> そして、変えられるものと変えられないものを見分ける知恵をお与えください。

捨てるものと捨ててはいけないものを見分ける知恵。それは組織の価値を定める知恵の経営のあり方であり、断捨離のリーダーシップといってもよい。そして、リーダーシップを通して組織に変革をもたらすときでも、正論でがんじがらめに縛らない余裕が欲しい。

## 学説の流れを肌で感じる

リーダーシップの学説の流れは、偉人と英雄の特長から学ぶことから始まり、当初は、部下を統率し業務を遂行するためのマネジメント的な役割が強調されてきた。時代が進むにつれて、リーダーシップよりも、部下との間柄や状況の作用が重視されるようになった。そして、リーダーの役割はすべて、状況や部下の働きに取って代わられるので、リーダーシップは重要ではないという極端な考え方も生まれてきた。

その後、リーダーシップのすごさと期待が再確認され、組織を変革する個人のリーダーシップに、多くの研究者の目が釘づけになってきたのである。

リーダーシップのビッグファイブ・パラダイム。この５つが登場してきた時代の流れとともに、その中身をしっかりと頭に刻み込んでおかないと、期末試験やレポートではいい点が取れない。そのくらいアメリカでは知れ渡っているセオリーである。

本書では、学説を詳しく説明することを目的としていない。だから、アメリカの学説に拘泥しないでほしいというひそかな願いを込めて、ほんのさわりだけを紹介した。グローバルの時代だから、さらばカウボーイ。

# リーダーシップと脳の関係
## ——リーダーシップ・ブレイン・モデル

chapter 7

## 不安と未来の深い関係

まずは質問です。デデン（出題の音）。

Q：動物と人間を分ける最も大きな違いは何でしょうか？

「言葉を話すこと！」と答えた人が多かったのではないだろうか。でも、イルカやクジラは音声でコミュニケーションを取っている。引っかかったかな？

「道具を使うこと！」か。チンパンジーでも道具を使ってバナナを取る。

どっちの答えもシンプルすぎる。もっと人間の心理に迫ってほしい。

動物と人間を分けるもの。実は、人間だけが未来について考えることができるということだ。人間は、過去にも現在にも未来にも、思いを馳せることができる。特に、未来を予見することができるというのが、ポイントだ。

人間以外の動物は、現在という時間の枠にとらわれていて、現在しか見えない。いうなれば、永遠の現在に生きているのだ。一方、人間だけが未来を考え、将来に向けて行動を計画できる。未来を想像することが、人間を人間たらしめているともいえる。

150万〜300万年前、二足歩行の直立猿人から進化する過程で、人間は前頭葉と呼ばれる脳の部位を、爆発的に発達させた。ゴリラに近い頭の形をした猿人から、額が広がり平面な顔つきの人類になるまで、頭蓋の形を変えてまで大きくなった部位が、新しい脳である前頭葉である。そのおかげで人間は言葉を持ち、道具を発明し、また、未来を考えることができるようになった。

過酷な自然環境や外敵に備えるためには、事前に危険を察知し、未来を予見するのが効果的な適応のための行為である。おそらくそのために発達した人間の脳は、ハーバード大学の心理学者ダニエル・ギルバートによれば、「先読みする装置」と言い表すことができる。[1)]

氷河期であれば、人間を襲う天敵はサーベルタイガーと決まっている。『はじめ人間ギャートルズ』（園山俊二作）で、ゴンがそう言ってた。

遠くにサーベルタイガーを発見したときに、われわれの祖先は、いったいどうしただろうか？　恐怖におののいて、その場に立ちすくむしかなかったのか？　いいや、猛獣が寝ているのか、寝たふりをして襲ってくるのか、その動きを先読みして、何らかの行動に移しただろう。

人間にとって、先読みをすることは最大の防御である。天敵や危険物の動きを読み、先回りをして対処することで、自らの命を助けてくれる。だが悲しいかな、未来を先読みすることは、同時に、不安という感情を生み出す。不安だからこそ、適応のための計画を行うことになる。

不安と計画が同じ根っこを持つのは、前頭葉の働きによっているからだ。それは、不幸にも鉄道建設時の事故によって前頭葉を損傷し、性格はがらりと変わってしまったものの、植物状態や言語障害や記憶喪失にもならず、12年間もほぼ正常に生き続けたフィニアス・ゲイジという建設作業員の症例から知られている。[2)] 前頭葉を失ったゲイジが失ったのは、不安という感情とともに、将来を計画する力だった。

不安と将来が同じ脳の働きによっているというのはシンボリックである。東日本大震災を経験して、震災の爪あとが人々の記憶に深く刻まれている。その後、わが国を頻繁に襲う大型台風や地震などの自然災害に直面して、新型コロナウイルスの目に見えない恐怖に怯えて、「不安時代」が到来している印象がある。日韓関係や米中関係などを含めて、国際情勢も混迷を深めている。皮肉なことに、その不安こそが将来に備える力になる。

人類は、不安とともに、未来を手に入れた。だから不安というのは、マイナスのものではなく、われわれの将来に不可欠なものでもある。われわれは不安がなければ、将来の計画ができない。

## 楽観主義の効用

不安に根差したネガティビティ（悲観）は、現実的な予測をし、視野を限って、周到な計画をもたらす。それは、注意深く危険を回避し、失敗を防ぐという意味で、われわれのサバイバルには効果的である。

その一方で、不安とは正反対のポジティビティ（楽観）は、成功と関係している。われわれは、ラッキーなことが起きる確率を過大評価し、アンラッキーなことが起きる確率を過小評価する。

たとえば、試験に合格する確率や、仕事がうまくいく見通しや、恋愛が成就する可能性を過大評価する。自分にとって都合の良い未来に対しては、結構楽観的だ。逆に、旅先で事故に遭う確率を過小評価したり、ガンや脳卒中や心筋梗塞になる可能性を低く見積もる。

タバコを吸っている人なら気づいているだろうが、「喫煙は、あなたにとって肺がんの原因の１つとなります。疫学的な推計によると、喫煙者は肺がんにより死亡する危険性が非喫煙者に比べて約２倍から４倍高くなります」と、パッケージに書いてある。

数字を挙げて、はっきりと示している。それなのに、「喫煙は死につながる」と頭では認識していながら、たいていの場合、「自分ではない他のヤツのこと」と思うものだ。

これは「ポジティビティ（楽観）・バイアス」と呼ばれているものだ。バイアスというから、楽観が不都合を覆い隠すような例を、ここでは挙げてみた。しかし、ポジティビティ・バイアスは、反対に、事を起こすのには都合が良いことも多い。

ポジティブ心理学を通してわかったことがある。楽観主義は、われわれのものの見方を変える。主観の世界の中で認知を変えることに役立っている。それだけではない。楽観的な考え方は、現実を変える力さえ持っている。

簡単にいえば、楽観的な見方をすれば、良い結果がついてくる。より良き未来を予想すれば、それが自己成就する。

もともと根拠のない予言や思い込みであっても、予言を信じて行動することによって、結果的に予言どおりの現実が作られる。それをコロンビア大学の社会学者ロバート・キング・マートンは、「予言の自己成就」[3)]と呼んだ。

「自分はデキる」と思い込むことで、結果がついてくる。肯定的思考はわれわれを前向きにする。そして、その楽観思考が、「予言の自己成就」の働きによって、実際の結果さえも変えてしまう。

だから、リーダーには、自分の中だけで完結するポジティブ・シンキングでは足りない。周りの人を巻き込むほどのオプティミストであることが大切だ。

## 業務志向と対人志向の切り口

管理職に昇進したので、グループのまとめ役になったので、リーダーシップを実践で発揮したいと考えている人ならば、理論なんてどうでもいいと思うかもしれない。それも、あながち的外れではない。

リーダーシップという概念がどのような変遷を遂げてきたか？　それを前章でレビューした。理論をざっと眺めてみて、強調すべきポイントがバラバラで、雑多な考え方がただ並べられているように感じるかもしれない。視点や着眼点がたくさんありすぎて、実際に職場で効果的なリーダーシップを発揮したいと思っても、何を信じればよいのかがわからなくなる。

理論と実践の間に横たわるこの迷いを解くためにも、改めて、本書の独自の視点から、リーダーシップを整理し直してみる必要がある。

「100の理論より1つの実践」というイギリスのことわざにもあるように、実践を大事にするならまずは行動すること。思い立ったが吉日で、行動してみるのがよい。

リーダーシップの実践に向けては、ふつうの人でもリーダーとなれることを説いた行動理論が基本となっている。

第6章を思い出してほしい。行動理論では、部下にあたる人々から、リーダーの行動についての意見調査を行い、2つの行動次元を見出している。それは、「業務」にかかわる側面と「対人」にかかわる側面であり、リーダーシップの「不動の2軸」と呼んでいる。

エドウィン・フライシュマンが中心となったオハイオ州立大学の研究では、目標達成に重点を置き、計画や仕事の割り当てなどを仕切る「構造設定」行動と、部下の気持ちや個人的事情に関心を持ち、信頼関係と意思疎通を大切にする「配慮」行動が、リーダーのとる2大行動だと示されている。

レンシス・リッカートが率いたミシガン大学による研究では、部下に対して仕事の技術面を強調し、課題の遂行のためにルールや手順を守らせる「仕事中心型」と、部下の人格を尊重し、対人関係に配慮する「従業員中心型」のいずれかに、リーダーのタイプが分けられている。

わが国では、三隅二不二がPM理論として、企業組織、官公庁、学校、スポーツチームなどを対象にして調査を行い、集団の目標達成を促進する「P機能」と、集団が崩壊しないよう維持・強化する「M機能」という2つのリーダーシップ行動を、機能の点からまとめてきた。

リーダーシップを考えるときに、「仕事か、対人か」という分け方は普遍的だ。業務系と対人系という2つの行動次元は、多くの研究で発見された共通項であり、かつ、シンプルでわかりやすい。だから、この2つに対応する形で、「業務遂行型リーダーシップ」と、「チームワーク型リーダーシップ」という2つのタイプがあることを、記憶に留めておきたい。

業務面でリーダーシップを発揮することと、対人面でリーダーシップを発揮することは、リーダーシップ行動の2大巨頭である。リーダーシップに困ったら、とりあえず、「職場の人々の業務を管理する」という面と、

「職場の人間関係の軋轢に対応する」という面を考えていけばよい。
メジャーリーグであればニューヨーク・ヤンキースとボストン・レッドソックス、サッカーであればレアル・マドリードとFCバルセロナのように、人気と実力、共に決して揺らぐことがない。
われわれが職場のことを考えるときに、常に念頭に浮かんでくるのは、この切り口であり、当たり前の認識枠組みだ。面白いことに、「仕事か、対人か」という判断基準は、リーダーシップに留まらず、アセスメントの評価次元やキャリアプランの考え方、職務満足の次元、ソーシャルサポートの中身など、ありとあらゆる場面で登場してくる。
それはどうしてか？
仕事やビジネスというのは、もっぱら理性と論理が支配しているので、それは左脳が活躍する領域である。一方、職場の人間関係は、ロジックで割り切れるものでなく、感情や感性や感覚の働きが作用している。そうすると、右脳の働きに頼らなければならないことが多い。
理性と感情の関係は密接だ。気分によって、思考のスタイルが変わってくることもある。もともと人の認知はすっきりと割り切れないのだが、感性と理性を分けて考えようとするのが二重過程理論（dual process theory）である。[4] ヒューリスティック処理とシステマティック処理、[5] 自動処理と意識的処理、[6] 直感システムと推論システム、[7] システム1とシステム2[8] など、対比して呼ばれているものだ。
いろいろな名前が付けられているが、おおよそ同じ2種類の頭の働き方を指している。前者は、深く考えたり注意したりしないで、瞬間的で自動的な直感型の認知の働きである。ぱっと見てすぐに判断するスタイルだ。後者は、ゆっくりと深く考え、批判的に物事を判断する熟慮型の認知の働きである。問題がややこしくて難しいときに、じっくり考えるスタイルである。
同時に、人間の認知的活動を司る大脳皮質は、左右対称の器質的構造を持っており、それぞれ機能的に特長があることが知られている。[9] 一言でいえば、左脳は分析的、論理的、言語的な精神活動に優れており、右脳は全体的、感覚的、情動的な活動に秀でている。

つまり、業務と対人という分け方が、職場を見るときの認識枠組みとしてポピュラーだとしたら、そこにはわれわれの脳の構造（左脳と右脳の機能の違い）が作用しているのだろう。

左脳と右脳の機能の違いというのは、シンプルな機能分化なので、脳科学が発展してきた現代では、忘れられたり、否定されたりしがちである。職場で働いているときのように、高度な認知活動というのは、脳全体がフルに活性化される現象だからだ。それでも、左脳と右脳は特長があり、お互いにお互いを支え合っている。[10)]

## 現在志向と未来志向の切り口

これまでのリーダーシップの考え方では、部下を統率して業務を遂行するためのリーダーの役割と、部下の気持ちや人間関係に配慮して、チームワークを醸成していくためのリーダーの役割が強調されてきた。

「業務志向」と「対人志向」の２つのリーダー行動は、日々のマネジメントを実践していくためには、欠くことができないものである。

MBA プログラムであれば、財務諸表が読めたり、戦略が描けたり、製造・販売の現場に通じていたり、IT を駆使したり、法律に明るかったり、日々の業務をマネジメントしていくために必要な知識とスキルを、いろいろ学ぶことができる。理性で割り切れる部分は、専門テキストやケース・ディスカッションで学ぶのが手っ取り早い。

その一方で、人間関係が介在するソフトな面でのマネジメントも、職場運営には欠かせない。そのために、リーダーシップには対人的スキルも必須だと思われている。ただし、こちらのほうは、MBA のクラスでは身につきにくいものだ。

ところが、時代が進むにつれて、日々のマネジメントに直結するリーダーシップより、未来を志向したリーダーシップが重視されるようになってきた。「現在志向」に対する「未来志向」という切り口を取り入れる必要がある。

「業務志向」と「対人志向」という枠組みは、現在の職場だけでなく、未来の職場を考えるにも役に立つ。リーダーシップ行動から引き出された「仕事か、対人か」の切り口は、リーダーシップの現状を切り取るだけでなく、未来を志向したリーダーシップにもかかわっている。

ニューヨーク州立大学ビンガムトン校のバーナード・バスによって提唱された変革型リーダーシップ理論では、既存の価値観、思考様式、部下の態度などを変えさせることが、リーダーシップの最も重要な働きである。

ブレークダウンすれば、リーダーに求められているのは、来るべき将来像をビジョンとして示すこと、常識や規定のやり方に疑問を投げかけること、創造的で知的な刺激を与える存在であること、部下に権限を与え、目標に向かって主体的に取り組ませることなどである。その活動は、すべて1つに帰着する。すなわち「変革」だ。

業務の進め方について現状で良しとするのでなければ、未来に向けて求められるのは、業務改善や組織改革といった変革である。将来の業務を見通し、現状の問題点を発見して、大きな改革や不断の改善を行っていくことが必要である。

そして、その変革をもたらすのが、リーダーが示すビジョンや先見性である。現状に甘んじることなく、組織変革や業務改善を進めていくためのビジョンを示す役割が、リーダーには求められることになる。

第6章でも述べたように、変革型リーダーシップとビジョナリー・リーダーシップは、ほぼ同じことを意味している。だから、変革とビジョンは相性が良い。未来志向のリーダーに求められる方向性は、現状を打破し変革するための先見性を、ビジョンとして語ること。それを「ビジョン型リーダーシップ」と呼ぼう。

一方、対人面での将来を考えていくとすれば、いうまでもなく、次の世代や将来を担う人材を育成することだ。将来を担う人材を確保するためには、育成がカギを握っている。特にわが国の職場では、部下を育成する責任がリーダーの重要な役割に数えられている。だから、リーダーシップの要素として、「育成型リーダーシップ」を、その1つに位置づけるのがよい。

部下育成というのは、自ら率先垂範するのではなく、部下に仕事を任せ、権限をエンパワーメントして、仕事を通して部下に経験を積ませるところからスタートする。自分がやったほうが速くて効率的だけれども、部下に任せて、その行動をハラハラしながら、脇で眺めている。そんな姿勢で臨むものだ。

だから、ロバート・グリーンリーフが述べているように、部下と共感し、将来を語り合い、共に行動することで、部下自らが自律的に行動できるように導いていくサーバント・リーダーシップ[11]の考え方が注目されている。

また、キャシー・クラムが提唱したメンターシップ[12]も、部下育成と相性が良い。経験豊かな年長者が若年者に対して、キャリア発達を目的に行うさまざまなサポートを、メンターシップと呼んでいる。それは新入社員を対象にしたメンター制度だけでなく、次期後継者を育成するためにも必要なものだ。

いずれにせよ、部下育成のためには、親が子どもの成長に向き合うような、寛容さと愛情に満ちたメンタリティが要る。

## リーダーシップと脳の機能

リーダーシップの4要素をしっかりと頭に刻み込むために、本書では、「リーダーシップ・ブレイン・モデル」[13]としてまとめてみた。

図7-1に示したように、リーダーシップ・ブレイン・モデルでは、「業務志向・対人志向」と「現在志向・未来志向」という2つの軸を組み合わせて、リーダーシップを整理する。

われわれが職場のことを考えるときに、常に念頭に浮かんでくるのは「仕事か、対人か」という切り口だ。これが「業務志向・対人志向」の軸である。この軸は、脳の構造（左脳と右脳の機能の違い）に示唆を受けている。

次に、「現在志向・未来志向」という切り口を考えてみよう。

現在と未来という分け方は、決して目新しいものではない。ただし第2の軸は、生物に共通している現在志向と、前頭葉という新しい脳の発達により、人間だけが未来を想像することができるという特長から、示唆を受けていることに注目したい。

未来について考えるのは、人間だけが持つ知性の働きである。動物に未来を予測する力はない。ずっと継続する現在に生きている。秋になればクマが冬眠の準備に入るなど、一見、未来予測的な行動をとることもあるが、それは脳を使って未来を予見した結果ではなく、遺伝子によって支配された本能によっている。

現在と未来の志向性は、本書で何度も繰り返してきたマネジャーとリーダーのものの考え方にも関連している。すなわち、マネジャーは現在の問題を解決し、リーダーは未来の問題を予見する。

リーダーシップも、脳の働きという身体性を根拠としているという推論ができる。それが、ブレイン・モデルの大胆な主張だ。

ただし、推論の域を脱していないし、証明されているわけではないから、リーダーシップを脳とを関連づけて理解しようとする、まとめの図として位置づけておこう。

「業務志向（理性）」と「対人志向（感情）」という軸は、左脳と右脳の

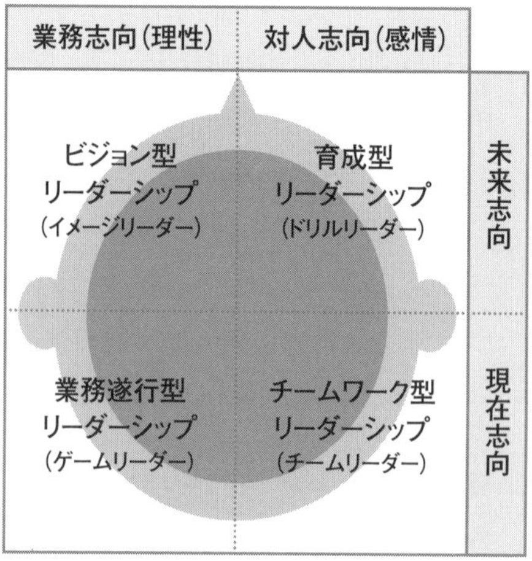


図7-1　リーダーシップ・ブレイン・モデル

働きの特徴に対応しているだろう。「現在志向」と「未来志向」という軸は、大脳皮質下にある古い脳の働きにより、生物に共通している現在志向と、前頭葉という新しい脳の発達により、人間だけが未来を想像することができるという特長に、関係があるかもしれない。

そして、この2つの軸を組み合わせれば、ジャジャジャジャーン。

図7-1のような図ができあがる。図に描かれた人間の頭の上に、『MR. BRAIN』(TBS)で木村拓哉が演じる脳科学者、九十九龍介の頭の写真を貼り付けておけば、もう忘れることはない。

## 新たな地平に導く4人のリーダー

「業務遂行型リーダーシップ(Executing Leadership)」「チームワーク型リーダーシップ(Teamworking Leadership)」「ビジョン型リーダーシップ(Visionary Leadership)」「育成型リーダーシップ(Development Leadership)」。これが、組織を新たな地平に導く4つのリーダーシップである。

しかし、なんだか名前が偉そうだし、理論を押し売りされたようで、取っつきにくい。そう感じた人もいるだろう。

この4つのリーダーシップには、覚えやすいニックネームがある。それを紹介しよう。

2019年、ラグビー・ワールドカップで日本中が感動に震えた。八強にまで勝ち進んだブレイブ・ブロッサムズの活躍に、暗い世相も吹っ飛んだ。しかしそこには、どうしてもなくてはならない人物が欠けていた。元ラグビー日本代表監督で、神戸製鋼コベルコスティーラーズの元GM、平尾誠二である。53歳の若さで逝去されたラグビーの星。その別れを惜しみ、安倍首相からは長い長い弔文も届いた。

「天は二物を与えず」に反し、知性とスポーツと美丈夫を兼ね備えたラグビーの星は、リーダーシップについて何を語ったのか?

チームには3人のリーダーがいる[14]と、生前に口にしていた。リーダーの働き（すなわち、リーダーシップ）を３人の選手像に分けている。

１人は、ゲームをうまく運び、試合の流れを呼び込み、チームを勝利に導く、チームのエースに期待されるゲームリーダーの役割である。もう１人は、メンバーの心をつかみ、チームを１つにまとめ上げる、キャプテンが担うべきチームリーダーの役割である。

ふんふん。ここまでは常識的だ。さらに、第３のリーダーに着目するのが平尾流である。

第三の男の登場だ。アントン・カラスのチターの音色が響く。

３人目の男、それは、チームの状態やゲームの展開がはかばかしくないときに、面白いことを言ってチームに活気をもたらしたり、誰もが思いつかない画期的なアイディアを出すイメージリーダーである。イメージリーダー、なんと美しい響き。

良いチームに３人のリーダーがいること。さらに、イメージリーダーという新たな役割を見出したことは、まさしく慧眼だ。そして何よりも、彼が伝えたかったことは、「人は誰もがリーダーである」ということだろう。[15)]

しかし、早逝したラグビーの星も見落としていたリーダーがいる。第３の男の上を行くのは？

それは、チームメンバーや後輩を育てるのが得意な人物、すなわちドリルリーダーである。チームのエースでもなく、メンバーをまとめる人望があるわけでもなく、奇抜でユニークなアイディアを出すわけもなく。それでも練習メニューを考えるのが得意で、何かとトレーニングをリードしていく。そんな人物がドリルリーダーだ。

監督やコーチが担うことも多い役柄だ。だから、上下関係に紛れて、見落とされてしまうこともある。日本代表キャップ数35を数えるラグビーエリートであれば、監督のいないチームを経験したことはないだろう。だから、チームのメンバーの中には出てこなかった役柄かもしれない。

しかし経営組織では、なくてはならないリーダーシップのあり方だ。だから、監督やコーチの役割としてではなく、リーダーシップの一要素として、しっかり位置づけたい。

リーダーとリーダーシップ。何かと取り違えられやすいものだ。リーダーになれば、組織やグループの長になれば、リーダーシップがあるとついつい思ってしまう。平尾理論によれば、良いチームには3人もリーダーがいる。さらに、もう1人見落とされていたリーダーもいる。

ゲームリーダーとチームリーダーとイメージリーダーとドリルリーダー。この4人のリーダーは、われわれの脳の機能分化から生まれてくる役割分担なのかもしれない。そう思えば、リーダーシップの考え方にも幅が広がるし、面白味もわいてくる。

また、4つのリーダーシップが、別々の4人によって分け持たれているということでもある。リーダーは1人という縛りがないし、1つのチームにリーダーがたくさんいてもよい。

リーダーシップの姿はいくつもあるということを、知っておきたい。体格や性格が違うように、人によってリーダーシップの得意分野が違う。つまり、リーダーたるもの、自分の得意分野を生かしてチームに働きかければよいのだし、不得手な分野は別の人に任せてもよい。シェアド（共有）・リーダーシップに通じる組織の柔軟さもある。

さて、あなたの職場のリーダーは、どのタイプだろうか？　そして、あなた自身は、どのリーダーになれるのか？

| ゲームリーダー | チームリーダー |
| --- | --- |
| ・部下やプロジェクトメンバーの業務を管理することに長けた業務遂行型<br>・ゲームをうまく運び、試合の流れを呼び込み、チームに勝利を呼び込む、チームのエースに期待される役割 | ・部下やメンバーの人間関係に配慮するチームワーク型<br>・メンバーの心をつかみ、チームを1つにまとめ上げる、キャプテンが担うべき役割 |
| **イメージリーダー** | **ドリルリーダー** |
| ・現状を打破し、変革するための先見性をビジョンとして語るビジョン型<br>・チームの状態やゲームの展開がはかばかしくないときに、面白いことを言ったり、画期的な考えを出したりする役割 | ・部下やチームメンバーを育成し、能力開発を行う育成型<br>・チームメンバーや後輩の戦術やスキルを育成する役割 |

表7-1　4人のリーダー

## 統率力と領導力

「日本企業は現場とミドルで持つ」という通説がある。[16] 日本企業では、定期異動と遅い昇進を人事制度に組み入れることによって、技能形成を促してきた。[17] マネジャーになるとしても、リーダーになるとしても、技能の形成が高いプライオリティを持ってきた。

しかし、組織の中で形成されてきた技能というものは、未来を予見し、ビジョンを語るには決して適しているとはいえない。

「船頭多くして船山に上る」に加えて、「役人多くて事絶えず」ということわざもある。多くのリーダーがいることは、組織に統一を欠くことになり、良いことではないと思われている。大多数のフォロワーに担がれた少数のリーダーこそが、良い組織の姿と思われている。

若いときにはリーダーシップは無用の長物であり、リーダーシップを積極的に身につけていこうとする意欲も、インセンティブもない。また、組織の中に、若いときからリーダーを積極的に育成していく風土もない。

リーダーシップを身につけていこうと思っても不利なのが、わが国の実情だ。リーダーシップ砂漠に覆われているといってもよい。

そもそも、リーダーシップを正しく伝える和語がない。訳出すれば「統率力」か「指導力」が定番である。しかし、そのニュアンスは、アメリカで発展してきた理論と比べて、意味する範囲がどうも狭くて、物足りない。

経済発展の著しい中国でも、リーダーシップが流行っている。中国語では、カタカナのように自在に外国語を取り入れることができないから、「領導力《リンタオリー》」という言葉を充てている。

「統率力」と「領導力」。将来、アジアのリーダーシップを切り取ることができるのは、どちらの言葉だろうか？　それとも、「ジョージア」でも「ファイア」でも「ワンダ」でもない缶コーヒーの名前だろうか？（答えは、もちろん「BOSS」です）

chapter 8

# 知識と経験でリーダーシップは育つか?

## 組織にエンジンを組み込む

人は城　人は石垣　人は堀

武田信玄公の軍法を記した「甲陽軍鑑」（品第三十九）にある有名なフレーズである。[1] 信長が築城した絢爛な安土城や太閤秀吉の豪奢な大坂城のように、その権勢を示す立派な城を建てることはなかった信玄公。その考え方は、この一節によく表れている。

人は城にも、石垣にも、堀にもなる。戦の勝ち負けは城造りではなく、人造りにあるということだ。

現代に置き換えてみれば、競争に勝つためには、立派な社屋や組織の規模や資本金の額ではなく、人材育成が肝心であることを意味している。

わが国の組織は「人材育成」が好きだ。人材を外から調達するのは何かと不安だし、組織の雰囲気を読んでくれないことを嫌って、中から育成していこうとする。

生え抜きの人材が重宝される組織の慣習。それは、人材育成を大切にすることでもあるし、反対に、外から若くて新しい血を入れることに対する抵抗でもある。慶應義塾の第一応援歌「若き血」を揃って歌っていても、都の西北のほうでは抵抗が小さくない。

たとえば、企業やプロ野球チームで、新人のときから1つの組織で育ってきた生え抜きを大切にし、中途で入った個人やグループを「外様」と呼んで区別する。表向きは何食わぬ顔でいながら、ひそかに冷遇する。

もっとも、阪神タイガースでは、スゴイ生え抜きがいないので、したくてもできない。

リーダーシップについては、すでにそれを身につけた人材を外から採ってくるというのが、基本的な考え方だった。いわゆるFAとか移籍が華やかなのであって、決して再生工場のような濡れ落ち葉のイメージはない。

しかし、何世代も続く主従関係がない「外様」は重用しないという考え方が、室町時代から500年くらいの時を経て生き残っているのが、わが国の伝統である。封建時代ならばいざ知らず、グローバル社会では、外の空気が入らず、風通しが悪い組織風土ができあがってしまうから、気をつけたい。

これまで、リーダーシップの学説では、育成の考え方は流行ってこなかった。その裏側には、リーダーシップは自らの意思で積極果敢に経験を積み、自発的に身につけるものであって、教育機関や他所の訓練を通して養成されるものではないと思われてきたからである。

アメリカ陸軍のように、他の組織で育ってきたリーダーシップ人材は、軍隊には決して合わないから、自前で育てていくしかないというような特別な事情がなければ、内部育成は進まない。しかし、近年になって、リーダーシップの育成にも、企業の観点で風穴が開けられた。

1990年代後半に、ゼネラル・エレクトリック（GE）会長のジャック・ウェルチのリーダーシップを、同社のクロトンビル経営開発研究所で、研修の形に落とし込んだ。ミシガン大学のノール・ティシーが、ウェルチの協力の下で、リーダーシップ開発プログラムを監修した。それがリーダーシップ・エンジン理論として体系化されたのである。[2)]

リーダーシップ・エンジン理論のエッセンスは、きわめてシンプルである。すなわち、経営トップの役割は、次世代リーダー（後継者）を育成することである。優れたリーダーは優れた師たりえる。研修の講師ではなく、組織のリーダーが責任を持って、次代のリーダーを育成するということだ。

そのためにリーダーは、①組織が外環境に適応するための中核的アイディア、②なくてはならない組織の価値観、③メンバーを勇気づけるための信念、④難しい意思決定を行う際の方針を、先輩経営者などの助けを借りながら、人前で語ることができる持論の形でまとめ、それを次代のリーダーに伝える。この持論を、「人に教えることができる視点」（TPOV）と呼んでいる。[3]

リーダー自らが持論（TPOV）を語り、次のリーダーを育成する。その仕組みを内包すれば、組織を動かすリーダーシップのエンジンが生まれる。動力がなければ、飛行機も自動車もシステムも組織も動かない。その動力はリーダーシップであり、リーダーは新しい時代のエンジンを内製する責任を持たなければならない。

それは単に、有望な部下に目をかけるということではない。近い日に、自分を超えていく人材を生み出すこと。親がわが子に願うように、自分を超えていくような優れた人材へと育てること。

中国古代の儒学者荀子は、「青はこれを藍《あい》より取りて、藍よりも青く、氷は水これを為して、水よりも寒《つめた》し」（『荀子』勧学篇第一）と教えた。

つまり、後進が師より勝れることである。それができなければ、組織は将来の動力源を失ってしまうのだ。

## 知識を通したリーダーシップの育成

リーダーシップの育成に関心が向いたのは、たかだか1990年代である。100年以上の歴史を持つリーダーシップ研究の中では、マイナーな位置づけだ。理論も欠けている。そこで、他の文脈からのアイディアも拝借しながら、育成モデルの現状を整理してみよう。

表8-1は、リーダーシップ育成のアプローチをまとめたものである。養成されるコンテンツに目を向けてみれば、そのアプローチは、①知識ベース、②経験・行動ベース、③対話ベース、④ビジョンベースの4つである。ターゲットとなるのは、個人とグループだ。

| | 知識ベース | 経験・行動ベース | 対話ベース | ビジョンベース |
| --- | --- | --- | --- | --- |
| 個人研修 | リーダーシップ自己研鑽 | 経験学習、飛躍的進歩経験 | ダイアローグ | リーダーシップ・リトリート |
| グループ研修 | リーダーシップレクチャー | プロジェクト型学習（PBL） | ワールドカフェ | アプリシアチブ・インクワイアリー |

表8-1　リーダーシップ育成の枠組み

知識ベースのリーダーシップ育成とは、文字どおり、知識を得ることでリーダーシップを伸ばそうとするアプローチである。リーダーシップの知識を得れば、おのずとリーダーシップの考え方や行動にも違いが出てくる。知識が増えれば、認知と行動もそれに合ってくる。シンプルな認知・行動一貫性モデルによっている。

個人を対象にした知識ベースの育成は、リーダーシップにかかわる書籍を読み、サイトを閲覧し、YouTubeの動画を見るなどして、知識を蓄積することだ。いわゆる自己研鑽として、皆さんがすでに行っていることである。

ただし、英語圏とは異なり、わが国では入手できる書籍や動画は、決して豊かではない。だから、知識ベースのリーダーシップ育成には、おのずと限界があることを覚えておきたい。

リーダーシップについて体系的に知れる著書は、管見《かんけん》による限り（と、立派な言葉でへりくだってみた）、もっぱら翻訳書である。[4] それが原因で、リーダーシップの不毛に一役買っている。

国内を眺めれば、関西では、神戸大学名誉教授の金井壽宏（現・立命館大学教授）の門下からなる神戸学派[5]が、関東では、立教大学リーダーシップ研究所を中心にした立教学派[6]が、その筆頭である。それでも、やっぱり知識と情報の輸入が多い。

本書も神戸学派の流れを汲んでおり、リーダーシップを伝授するための一助をなす。途中で投げ出さずに、最後まで読破できれば、リーダーシップについての免許皆伝が許される。たぶん。

本書がまとめて伝えたいリーダーシップの奥義は、薄味で出汁の風味がよく利いた関西風だ。関東によくある海外の本場の味は、舌に合わない。マックとマクドのように、USJとユニバのように、メンズ／レディースと男もん・女もんのように、エスカレーターの左と右の立ち位置のように、同じものでも地域によって違う。その境目は、天下分け目の関が原（岐阜県と滋賀県の県境）あたりだろうか。

知識をメインにおいて、グループを対象としてリーダーシップを訓練するアプローチというのは、どのようなものか。

知識ベースの育成をグループに行う場合には、大学やMBAプログラムや企業の管理職研修でよく行われているように、リーダーシップについてレクチャーをするのが一般的である。多くの参加者を前にして、口頭で説明したり資料を映して、第6章で取り上げたビッグファイブ・パラダイムを中心にした知識を教授する。それが、リーダーシップのレクチャーの典型である。

レクチャーは教育法として伝統的だし、一度に多くの人に知識を教授できるため、あらゆる場面で使われている。それには良い点も良くない点もある。

レクチャーでは、多くの参加者に一度に講義することができるため、効率的だしコストも低い。枝豆＆ビールのように、とりあえずの一品といってもいい。普段は講義に触れる機会が少ないビジネスパーソンであれば、昔を思い出して、新鮮に感じられることもある。

講義であればクラスごとに管理がしやすいし、参加者の興味や進度に合わせて、内容を柔軟に変えられる。また、他の方法（ビデオ、グループ討議、ケーススタディなど）との組み合わせも自由だ。アフターコロナのオンライン講習にもうってつけである。

効率性、管理のしやすさ、自由度の高さというメリットのおかげで、この方法がなくなることはないだろう。スキルを学習するためには適さないが、知識を伝授するためにはなくてはならないものである。

反対に、最も大きなデメリットは、コミュニケーションの一方向性にある。レクチャーでは、講師が一方的に話をするばっかりだから、退屈と思われがちだし、アクティブな学習態度を呼び起こすことはほとんどない。

ついついスマホをいじりたくなる。

また、1人ひとりにきめ細かい対応を行うことができないため、個人のニーズを無視し、ついていけない落ちこぼれを生んでしまうことがある。つまり、一方性と個人ニーズの無視というのが、レクチャーの大きな課題なのである。

また、効果もほどほどだ。筆者も長らくMBAプログラムでリーダーシップを教えてきたが、レクチャーだけでリーダーシップを身につけた人は、ほとんどいない。残念。

## 経験・行動ベースのアプローチ

経験・行動ベースのアプローチでは、リーダーシップを育成するために、経験を重視する。アメリカ中西部の大学（オハイオ州立大学やミシガン大学など）で、リーダーシップの行動科学がさかんであった時代から、リーダーの行動に注目する流れができていた。そのときには、部下による上方評価や360度評価によって管理職の行動を捕捉して、本人にフィードバックをするのが決まり事だった。

様変わりを見せたのは、南カリフォルニア大学のモーガン・マッコールが、経験に着目したリーダーシップの育成論を提唱し始めたことである。センター・フォー・クリエイティブ・リーダーシップ社（CCL）に在職していたときから行ってきた一連の調査と研修から、リーダーシップは経験を積むことで磨かれることを示した。[7)]

マッコールは、生まれつきリーダーシップを持っている人材を外部から採ってきたり、仕事の場を離れてリーダーシップを学ぶというのは、あまり建設的ではないと考えていた。だから、仕事の場面での経験に重きを置いた。

成功した経営幹部191名にインタビューをして、仕事上で「飛躍的進歩を遂げた経験」と、そこから得た教訓を聞き取り、616の経験と1547の教訓を得た。その分析を通して、「課題」「上司」「修羅場」という3つのカテゴリーに分類している。[8]

成功した経営幹部（リーダー）というのは、最初の仕事や初めての部下管理といった初期経験とか、新規事業や新規部門などでゼロからスタートした経験、うまくいっていない事業を立て直した経験など、さまざまなチャレンジングな「課題」を通して、自信や独立心やタフさを身につける。

また、良きにつけ悪しきにつけ影響力の大きい「上司」から、価値観や社内政治を学習する。さらに、事業の失敗や左遷・降格の経験、問題を起こした部下の尻拭いなどの「修羅場」を経験することによって、謙虚さと新たなものの見方を学んでいく。

「飛躍的進歩の経験」というから、いかにも宇宙開発っぽくて、どこか気恥ずかしく感じるが、その中身はといえば、決まってきびしい立場に立たされることだ。年功人事でなんとなく上のポストにあがっていくものというのではなく、きびしい経験を通して、上に昇るか外に放り出されるかの、ハードボイルドの世界である。

そんなにハードな経験でなくても、リーダーシップはきっと学び取ることができる。小さいときから、スポーツやクラブ活動を通して、身につけることができる。

『キャプテン』というマンガをご存じだろう。いやいや、皆さんの頭に浮かんでいるサッカーマンガではなくて、イチローも愛読している野球マンガのほうだ。翼くんは出てこないから、ややこしい。

『キャプテン』（ちばあきお作）には、谷口タカオという、どこにでもいそうな平凡な中学２年生が出てくる。

転校してきた谷口くんは、強豪とはいえない墨谷二中の野球部に入部を申し込む。ところが大変。名門青葉学院のユニフォームを着ていたために、二軍の補欠というとんでもなく下手くそな選手だったのに、青葉のレギュラーと勘違いされてしまう。

気が弱くて、本当のことを言い出せない谷口くんは、大工の父ちゃんとの秘密特訓のおかげで、なんとか周りの迷惑にならない選手に成長する。そして、３年生が卒業のときに、その陰の努力が先代キャプテンに認められて、新キャプテンに選ばれたのだ。

口下手で決断力がなく、飛び抜けた才能もない谷口くんが、一途に頑張る不屈の精神でチームを引っ張り、キャプテンとして成長していく物語である。谷口くんの後には、丸井くん、イガラシくん、近藤くんといったズッコケたキャラクターが、墨谷二中のキャプテンとなってストーリーが続いていく。素質も性格も野球に対する姿勢もバラバラな中学生が、型にはまらないデコボコなリーダー像をいろいろ見せてくれる。

『キャプテン』を通してわかるのは、リーダーシップにはみな、個性的な味があること。それに、パッとしない人でも、経験を通してリーダーシップを伸ばしていくことができるということである。

主人公の谷口くんは、朝４時から午後８時までの長時間の練習も、通常の３分の１の近距離の千本ノックも、部員からの不満と抗議も乗り越えて、陰の努力と裏表のない人柄で、みんなを引っ張っていった。

「キャプテン……か。まるであべこべじゃないか。みんなに迷惑ばかりかけちゃって……」

そんな谷口くんの悩みが聞こえてきそうだ。

キャプテンの経験がリーダーシップを育てる

## PBLでの経験

伝統的なレクチャー型の教育に対し、経験を重視した学習は、プロジェクト型学習とか問題解決型学習と呼ばれている。どちらも、頭文字をとってPBLと略称されているので、正式名称は知らなくても、どこかで聞いたことがあるだろう。

PBLは、何かと退屈なレクチャー型とは異なり、架空の課題に取り組んだり、企業や地域が提供するプロジェクトに参加したりして、グループワークを通してアクティブに学習していくものである。

明確な答えがない課題が与えられて、画期的なソリューションを出していこうと、参加者が自律的・主体的に働きかけていくプロセスの中では、いろいろなことが起こる。調べがつかなかったり、アイディアが枯渇したり、メンバー同士がぶつかったり、リーダー不在で意思決定ができなかったりと、さまざまな経験を通して学習が進んでいく。[9)]

PBLでは、学習の仕方、分析方法、リーダーシップの取り方、プロジェクトの進捗管理、チームワーク、コミュニケーション、プレゼンテーションなどを、活動を通して能動的に学んでいく。担当講師は、授業を担当するというより、グループでのワークを盛り上げるファシリテーターとなり、プロジェクトの進行と個人の自己省察に向けて働きかける役割を担っている。[10)]

ご存じのように、PBLは、あらゆる高等教育機関で実践されるほどの盛り上がりを見せている。産業界から寄せられる人材のニーズに対応するために、わが国の大学や高校に大きく広がっている。また、受験教育の弊害を正す救世主のようにも捉えられている。昨今のブームを見れば、PBLを行っていない大学はないと断言できるほどの勢いだ。

河合塾が全国の大学に対して行った調査[11)]では、PBLの実施状況について、全国の大学1787の学部・学科から回答を得た。その結果では、グループ学習やプレゼンテーションや振り返りなどのバリエーションのあるアクティブラーニングの中で、本格的なPBLを実施している科目数は、1

学期当たり平均で0.66科目だった。ということは、大学4年間を通してPBL科目を1つも目にすることのない確率というのは、計算上では0.01％となる。

調査に回答した学部・学科が、アクティブラーニングにアクティブな可能性はあるが、PBLと縁がないというのは、文字どおり、万に一つ。全国の大学のどこでも、ほぼありえないわけだ。

PBLにも、リーダーシップの名を戴いているものがある。その代表格は、立教大学経営学部のビジネス・リーダーシップ・プログラム（BLP）[12]である。リーダーシップという名前がキャッチーで、メディアから頻繁に取り上げられているからか、破格に有名だ。立教大学では、PBLよりBLPのほうが知られているくらいだ。

本家と元祖を競うラーメン店のように、PとBとLの順番で熱い戦いが繰り広げられている。

PBLでは、メンバー全員とはいかないが、チームを引っ張っていく一部のメンバーには、必ずといっていいほど、リーダーシップが身についていく。だから、リーダーシップの名がついていないPBLでも、その効果はほぼ実証されている。

筆者の勤める立命館大学でも、キャリアセンターが独自で行っている「グローバル人材養成プログラム」というPBLで、学生が半年間でリーダーシップを身につける活動を実践してきた。参加する学生や協力企業に対して、リーダーシップを育成するとは、おくびにも出してはいないが、立派にリーダーシップが開発されている。

## リーダーシップはすぐには身につかない

ただし、PBLを通したリーダーシップ育成には、特有の限界がある。それは何か？

大学での育成の例を見れば、積極性や自主性といったベーシックスキルの育成になっている。空気ばかりを読んでしまう今どきの学生にとっては、あえて周りに同調せず、空気を換えたり、周りを元気づけたりする態度を、リーダーシップと呼ぶのもわからなくはない。いうなれば、カワイイ・リーダーシップだ。

本当の意味でのリーダーシップは、そんな生易しいものではない。成否を分けるきびしい状況の中で、お荷物になりそうなメンバーを引き上げ、進むか退くかという難しい意思決定を行う。周囲から浮いても、メンバーに嫌われても、正しい方向に導く心の強さが必要である。心が折れているヒマはない。

リーダーシップの意味は多様なので、高校や大学のクラスのように管理された環境の下では、積極性やコミュニケーションといった何らかのプラス面を育成しただけでも、リーダーシップの美名が与えられている。

学校を離れて、研修機関がPBLを管理職研修に組み入れている場合では、わが国の例を見れば、リーダーシップというより、マネジャーの育成になっている。限られた時間の中で、プロジェクトをきちんと管理し、実施可能なソリューションに落とし込んでいく。一人前のプロジェクトリーダーが、PBLを通して育成できるというわけだ。

どんなに優れたプロジェクト課題を準備したとしても、そして、一生懸命にPBLに取り組んだとしても、リーダーシップを身近に見たことがない私たちには、本当のリーダーシップを育成することはできないのかもしれない。それが大きな壁だ。

もう1つ大切なポイントは、リーダーシップは促成栽培できないということである。

フロリダ州立大学のアンダース・エリクソンは、卓越した技術の修得は、「10年以上にわたる1万時間もの計画的練習」の成果であると指摘している。[13] チェスの国際タイトル保持者を調べたサイモンとチェイスの研究[14]からヒントを得て、エリクソンは、バイオリン奏者の調査に乗り出した。

そこでわかったことは、世界レベルの技術をマスターするには、集中した練習を最低でも10年間続けてこなければ、そのレベルに達することはできないということである。チェスしかり、バイオリンしかり。数学やテニスやマラソンなど、別のジャンルでも当てはまっているから納得だ。

ベストセラー作家のマルコム・グラッドウェルによって、この点が強調され、「1万時間の法則」や「10年ルール」が、卓越した熟達のための黄金律として世に広まった。[15] 産業界における熟達を長らく研究している北海道大学の松尾睦は、一連の研究を通して、専門的知識と技能を修得するための「10年ルール」が、ITプロジェクトリーダーや緊急医や企業の管理職などにも当てはまっていることを示している。[16]

当然、リーダーシップについても、この10年という時間枠が当てはまる。[17] リーダーシップを本当に育成していこうとすれば、クラスでの学習や管理職研修やプロジェクト型の研修では心もとない。エキスパートレベルのリーダーシップを身につけるためには、10年に及ぶ長い時間をかけなければならないし、たくさんの苦しい経験や修羅場をくぐらなければならないからだ。

雨垂れ石を穿《うが》つ。ローマは一日にして成らず。おまけに、老婆も1日にしてならずだ。

リーダーシップの育成には、長期の計が必要である。最低10年は、修羅場のようなリーダーシップ経験を積ませる時間的猶予がいる。だから、組織がリーダーシップを必要とするのであれば、管理職研修として40代から研修をスタートするのでは遅すぎる。立教大学のBLPを通して、20代から育成し始めた人を採用するのは、まだましなほうだ。

理想としては、音楽やスポーツのお稽古事と同じように、小学生のときから、学校やクラブや塾などを通して、リーダーシップを開発していきたい。

「子どもからのリーダーシップ」、まさしくそれだ。国債や借入金などで多額の借金しか次代に残せないわが国にあって、子どもたちにリーダーシップを教育するための道筋をつけるのが、きっとこれからの大人の役割だろう。

それは、確かな未来のための価値ある投資である。

chapter 9

# 対話がもたらすリーダーシップの効果

## 対話を通したアプローチ

雑談は場を盛り上げる。

たわいない会話が雑談であり、演説や説得やプレゼンテーションといったビジネスで尊重されるコミュニケーションとは程遠い。しかし、雑談にも一流と二流と三流があるらしい。[1]

一流の雑談力を身につけた人は、何をしているのか？　「踊る！さんま御殿!!」のように、出演者の立ち位置には、「話す人」「聞く人」「回す人」という3つがある。会話やミーティングでも、この3つをすべてこなせるのが一流だ。それだけでなく、場の雰囲気によって、誰も担当していない空きを埋めるために、役割をあれこれ臨機応変に変えていくことができる。

「臨機応変」（improvise）というのは、海兵隊とジャズバンドに共通するモットーだ。その場その場に合わせた柔軟で即興的な対応を旨とする。

人と人との対話も同じ。相手に合わせて話の中身と役目を変えていけるのが一流だ。一方的にメッセージを主張するのとはわけが違う。

そして、対話は人材育成のカギを握っている。人は対話を通じて、考える力を伸ばすことができる。[2] 対話による学習は、明治以来わが国に普及した講義中心の一斉授業や、知識中心の受験制度に根差した教育のあり方に、新風を吹き込むことができると、期待が寄せられている。

わが国の職場には、1人で考え自らで答えを見つけようとする職人気質が支配している。技は盗んで覚える。だから、師匠があえて弟子を教えず、弟子のほうも師匠にものを問うたり、教えを乞うことを恥とする。そう思われてきた。

しかし、それは現実ではない。

職人の世界を取材してきた作家の小関智弘は、こう書いている。[3)]

「優れた職人たちは『自分を超えるような職人を育てられないようじゃ、半端な職人だ』と言い伝えてきた。こちら（弟子）が真剣なら、むこうも真剣になった。ありったけを教えてくれた」

やはり、優れた職場には、対話を通じた学習がある。上司と部下の、先輩と後輩の間の対話を通して、本質を学び原理原則が伝授される。

リーダーシップを学ぶにも、人から人への薫陶による効果がある。対話によってリーダーシップを学ぶアプローチといってもよい。表8-1に示したように、本章では、ダイアローグとワールドカフェを取り上げる。

リーダーシップには、職人の技のようにわかりやすい形がないから、マネしようにもマネできない。うわべを観察していても、ついつい上司の悪いところばかりが気になってしまう。

だから、リーダーシップの本質を捉えようとすれば、討議や対話が必要となる。外からは見えにくい部分に迫ろうとすれば、質問や相手との対話が欠かせない。

しかし、人は偉くなるほど、自ら人に話しかけ、自分の無知をさらし、質問を投げかけて他者から学ぶことが不得手になってしまうから、やっかいだ。

対話を通した学習がインパクトのある形でお茶の間に登場したのは、2010年にNHK教育テレビで放映された『ハーバード白熱教室』である。[4)] ハーバード大学のマイケル・サンデルの政治哲学の講義が、そのままテレビカメラに収められ、大ヒットした。

大きな犠牲と小さな犠牲のトロッコ問題や、お金で買えるものと買えないもの、富の分配と社会格差など、「正義」にかかわるさまざまな難題を、架空の状況や日々の生活で経験する問題に置き換えて、大学生に考えさせる。

「君ならどうする？　何が正しい行いなのか？　その理由は？」と、次々に質問を投げかけ、学生から活発な討議を引き出し、その判断の倫理的正当性を追究する。

学生と教師が意見を戦わせる授業形式は、古代ギリシャの問答法に起源を持つソクラテス・メソッド（ソクラテス式問答法）と呼ばれている。一方通行の講義ではなく、教師の質問と学生の回答の反復と討議によって進める双方向の学習方法だ。法科大学院（ロースクール）や経営管理専門職大学院（ビジネススクール）では、おなじみのメソッドでもある。

この番組のおかげで、日曜の風呂上がりのお茶の間の団欒の場が、突然、ハーバード大学の大講堂に変わってしまった。『サザエさん』の視聴率も下がったのには、ビックリした。

## ダイアローグによるリーダーシップ

対話を通じた問題解決のあり方をダイアローグ（対話）と呼ぶ。モノローグ（独り語り）の反対にあたるのがダイアローグであり、人とのコミュニケーションを通して、課題解決の仕方を学んでいくものだ。

希世の物理学者デヴィッド・ボームは、ダイアローグとディスカッションの違いを際立たせ、現代におけるダイアローグの必要性を説いた。[5)]

相手を説得したり、議論でやり込めて勝ち負けを決めるようなスタイルをディスカッションといい、より良い策を出すために周りと会話しながら、共に考えるスタイルをダイアローグと呼んで、しっかり区別している。

表 9-1 を参照してほしい。就職活動でも、面接の一環として、グループ・ディスカッションが流行っている。だから、改めて、ディスカッションとダイアローグの違いを頭に入れておきたい。

| | ディスカッション（討議） | ダイアローグ（対話） |
|---|---|---|
| 目的 | 選択肢の中から、最適な解決策を決める | 課題を共有し、新しい解決策を考え出す |
| 目標設定 | 初めに明確なゴールを設定する | ゴールを設定しない |
| 関係 | 進行役（リーダー）を置く | 参加者は対等 |
| 役割 | 他人を説得する | 意味を共有する |

**表9-1　ディスカッションとダイアローグ** [6]

ダイアローグでは、そもそも当事者の間に、熱心な発話のやり取りを想定している。お互いに率直な意見を、弁舌さわやかに述べることが、人と人とのコミュニケーションの姿だとイメージしている。

相手を負かそうとして、喧々囂々《けんけんごうごう》、侃々諤々《かんかんがくがく》に、口うるさく討議するのとはわけが違う。それはアメリカ人に任せておけばいい。ケンケンガクガクやカンカンゴウゴウというのもミステークだ。

逆に、「以心伝心」のように、お互いの憶測や忖度によって起こる、慎ましやかなコミュニケーションを考えているわけでもない。だから、伝わっていたはずなのに、すれ違っているというような、曖昧さは残らない。

ダイアローグの大切さが、わが国でいま一歩伝わりにくいのは、周りの空気を読み、言葉を使って意思を伝えることを控える文化に育ったことによる。ダイアローグは、穏やかで豊かな会話コミュニケーションをベースにしている。けれど、「沈黙は金」という美徳が広まっていれば、やりにくいものだ。

わが国におけるダイアローグは、丁々発止のやり取りというのではなく、自分の思いを心の内に秘めてしまわないで、声に出して表明してみることと考えておくのがよいだろう。

リーダーシップは対話であって、一方通行の言い放ちや、上から目線での指示命令ではない。だから、リーダーシップのスキルを育成するにあたっても、話がうまいだけでなく、傾聴にも長けていなければならない。メンバーの良いところはきちんと褒め、直してほしい点については、成長を促すようにフィードバックする。抵抗勢力を作らないためには、人間関係スキルは大切だ。

## 激動時のダイアロジカル・リーダーシップ

組織論において、ダイアローグは組織学習の文脈で論じられてきた。組織が成長していくためには、ダイアローグを通して、個人やグループで考え方を共有し、相互理解を生むことが欠かせないからである。

組織の成長の要を握るリーダーシップについても、ダイアローグを通した相互理解が欠かせない。リーダーが組織の価値を伝えて、目的を完遂するためにメンバーにエンゲージメントさせる。組織の中に無用な抵抗を生み出すことなく、メンバーに影響を与えるためには、対話を通した上下間の相互理解が必要だ。それをダイアロジカル（対話型）・リーダーシップと呼ぶ。[7)]

リーダーシップにはいろいろなスタイルがあるのに、どうしてダイアロジカル・リーダーシップなのか？　決まって行き着くところは、状況によって必要となるリーダーシップが異なってくるという、コンティンジェンシー（状況依存）の考え方である。

2020年のコロナ禍にあって、ドナルド・トランプ米大統領は、「私は、ある意味、自分のことを戦時大統領だと見なしている」と話した。アメリカでは、戦時大統領というのは、国民の支持を一身に受け、批判を許さない絶対的な統帥権を握る。デモや裁判を通して反対意見を堂々とぶつけ合う、対立含みのアメリカの民主主義の中にあって、それほど絶対的で特別な存在だ。

一方、安倍晋三首相は、外出自粛、イベント自粛、休業要請という形で、あくまで国民の自主性に任せ、平時を装った対応に終始した。

戦時と平時という区分け。

非常時（戦時）のリーダーシップで大事なのは、いったい何が起きているのか、真っ先に状況を把握し、周囲に指示命令を行い、緊急課題を一時の猶予もなく、速やかに解決することだ。だから、権力と強制力を発揮することも許される。専制型リーダーシップであっても受け入れられる状況にあるわけだ。

一方、平時のリーダーシップでは、問題はだいたいわかっていて、すでに解決策が知られているので、計画的で管理監督式のアプローチが効果的である。リーダーといえども、マネジャーの親玉という立ち位置でいるのが、据わりがいい。

ダイアロジカル・リーダーシップが効果的なのは、非常時でも平時でもない。それは、社会や組織が大きく転換する激動時である。変事が迫ってはいるものの、時間的逼迫性はそれほど高くはない。しかし、状況は予断を許さず、既存の解決策は役に立たないというシチュエーションだ。

有効な手段が思い当たらないので、メンバー全員の総力を結集して解決に当たる必要がある。だから、周囲に耳を傾けるソフトパワーを生かして、上司・部下・同僚・顧客など、多くの人から意見を取り込んでいく。ここで対話型のリーダーシップが役に立つわけである。

「環境が刻々と変化する現代」。こんなフレーズは聞き飽きるほど、組織は変動に直面している。だから、これからの組織を担うリーダーには、ダイアローグを通して、自分の意見を述べながらも、他人を傾聴するリーダーシップを身につける必要がある。

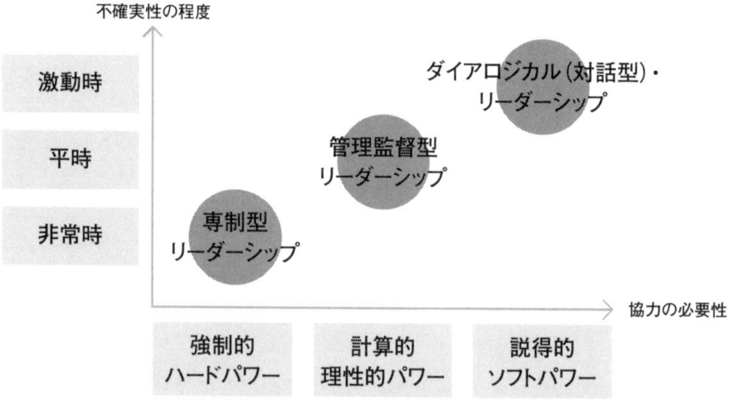


図9-1　非常時と平時と激動時のリーダーシップ

## ワールドカフェでのダイアローグ

グループの中で、グループに対してダイアローグを行うこと。1対1のふつうの対話ではない。多対多の対語。それをめざしたのが、ワールドカフェである。[8)]

ワールドカフェとは、和やかなくつろいだ雰囲気で、まるで、カフェでコーヒーを飲みながらリラックスして対話をするような比較的新しい対話メソッドである。

だから、ワールドカフェといっても、新規オープンした世界規模のコーヒーショップのことではないし、緑色のロゴマークがあるわけでもない。

始まりは1990年代であり、知識資本とナレッジ・マネジメントが花盛りであったとき、知的資本を生み出す方法として注目された。会社の会議というのは、目的がはっきりと定まった機能的なものだが、ワールドカフェでは、人と人との会話の中から浮かび上がってくる考えや問いを共有し、その結果として、ダイアローグが多くの知識や洞察を生む効果を見出した。

だから、グループで行われるからといっても、就職活動のグループ・ディスカッションやディベートといった、きびしい対話と同じものと考えるのは間違いだ。

参加者は4～5人ずつに分かれ、テーブルごとに対話をする。100人を超える場合でもOKだ。一定時間が過ぎれば、テーブルのメンバーを入れ替え、何セッションか対話を繰り返す。

そのやり方は、基本的には以下のような手順となっている。

①1つのテーブルに少人数（4～5人）で座る。話すテーマはどのテーブルも同じ。少人数だから、話す時間と聞く時間のバランスがとりやすいし、話し合いの効果が生きてくる。

②20～30分の短い話し合いを、数セッション行う。セッションが変わるごとに、1人を残して、全員が他のテーブルに移動する。同じメン

バーに当たることはなく、別の人との対話だから気がつくポイントも変わってくる。テーブルに残った人は、前のセッションで話された内容を伝える。

③テーブルに置かれている模造紙に、議論の中で浮かんできた疑問やアイディアを自由に書き込んでいく。話された内容が、マインドマップとしてビジュアルに表現されていれば、後から参加した人も中身が捉えやすく、意見も出しやすい。

④最後は、テーブルごとに分かれていた参加者が一堂に会し、全体で情報を共有する。別のテーブルで出された同じ意見は、別々の対話プロセスにもかかわらず、同じ見解になったので、より深く掘り下げる価値がある。

ワールドカフェは、答えを出すことを目的にして話し合いをするわけではない。人々がオープンに会話を行い、新しいアイディアや知識を生み出すのが目的である。だから、新しい考えを生み出すのには都合が良い。

ワールドカフェと似たものとして、オープン・スペース・テクノロジー（OST）という手法もある。[9] 宇宙開発の技術とはまったく関係ないが、時空を超えてコーヒーブレークの気軽な話し合いをすることを理想としている。

グループでのダイアローグは、リーダーシップについても影響を及ぼす。一番ストレートなのは、ダイアローグのテーマとしてリーダーシップを扱うことである。リーダーシップは論じやすいテーマだし、一家言を持っているビジネスパーソンも多い。興味深い対話となるのは請け合いだ。

リーダーシップは薫陶を通して学ぶところがある。だから、対話から学ぶメソッドとは相性が良い。ただし、スゴイ経営者やリーダーシップのモデルとなる人物との触れ合いだけでなく、ふつうの人々が語るリーダーシップから学ぶことも、同じくらい価値があると理解したい。

## ビジョンベースのグループ・アプローチ

変革を志向するリーダーシップには、ビジョンが必要だ。しかし、リーダーシップと同じくらい、ビジョンも見えにくい。

個人に焦点を当てたビジョンの育成は、リーダーシップを育成する上での核心である。1990年代以降、リーダーシップといえば、カリスマを持ったリーダーが、ビジョンを語って、組織と社会を変革するものと相場が決まっていた。リーダーシップ育成のアプローチとしてビジョンの持つ意味と効果については、第10章と第11章でたっぷり取り上げるので、ここではひとまずスキップする。

表8-1にまとめられたように、グループの状況でビジョンを育てていく方法を見れば、アプリシアチブ・インクワイアリー（AI）という方法が話題を呼んでいる。[10] あえてカタカナ表記にしているので、舌を噛みそうだし、煙に巻かれた感じがするのは仕方がないが、真・善・美などの価値を判断するアプリシアチブと、探求するインクワイアリーという言葉が合わさったものだ。意訳をすれば、「良さの探求」という意味である。

AIは、組織の活性化をもたらす「組織開発（OD）」の流れで注目されてきたものである。ただし、従来型の組織活性化であれば、「組織の成果を上げるためには、何が課題なのか」という問題解決型のアプローチが一般的であった。阻害要因や問題点にもっぱらフォーカスが当てられ、それを解消する取り組みと成果に、議論の重点が置かれてきた。

トヨタでは「『なぜ』を5回繰り返せば真因がわかる」といわれている。[11] その根底にある問題解決というのは、欠陥を直せば良くなるという品質改善の発想である。ただし、製品のクオリティを高めるのには役立つが、その発想を人や組織に当てはめても、あまり役には立たない。

反対に、AIの最大の特徴は、あくまでも組織と個人の持っているリソースと強みに目を向けて、その長所を最大限に生かそうとするポジティブ・アプローチにある。第5章でも取り上げたポジティブ心理学の考え方を、組織において実践する。

ポジティブ・アプローチでは、組織や個人の強みに光を当てる。過去を振り返り、「何が良かったのか、なぜ成功したのか」を問うものだ。トヨタ式「5回のなぜ」をプラスに当てはめて、強みや成功の真因を浮き彫りにする。そして、「将来の成果をもたらすために、それをどう生かすか」という発想で、事に当たる。

欠陥や弱みを直す問題解決的なアプローチではなく、強みと将来の成功をもたらす進歩的なアプローチをとる。ミスや課題に対処するネガティブな発想ではなく、強みと可能性を探求するポジティブな発想で臨む。

否定的で固定的な認識の枠が外されるため、面白くて柔軟な発想が生まれる。だから、自己防衛や責任転嫁がなくなって、みんなで組織の将来を作り上げようとする姿勢が生まれるのだ。

AIといえば、人工知能を指すのが最近のトレンドだが、こちらのAIでは人工知能を使わず、生身の知能を使う。図9-2に示したように、インタビューや対話を用いながら、「4Dサイクル」というプロセスに沿う。

①組織の中核メンバーが集まって、良いところや成功要因を見つける質問をして、人や組織の良さを探求するディスカバリー（Discovery）。

②メンバーがお互いに対話を通して、本当に実現したい姿や理想の状態を描くドリーム（Dream）。

③ありたい姿を作り上げ、同時に、現状の問題に対処するために、何を

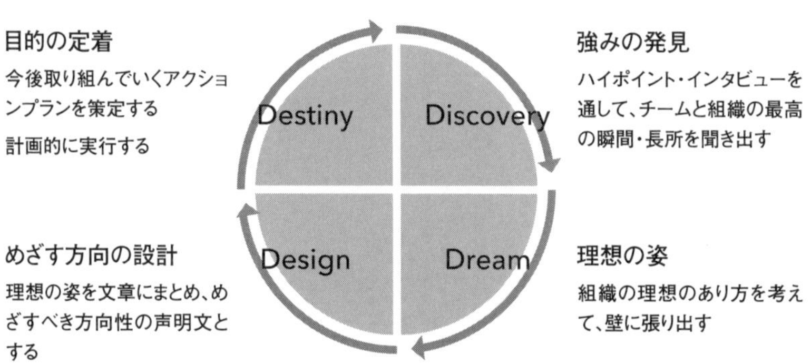


図9-2　アプリシアチブ・インクワイアリー（AI）の4Dサイクル

するかを設計するデザイン（Design）。

④方針を立てたら、自分たちで詳細計画を立てて、実行するデスティニー（Destiny）。

組織の強みに注目して、自分たちで組織の将来を決める。この一連のプロセスを経れば、ビジョンを描くリーダーシップのあり方を学ぶことができる。組織の中に未来志向のリーダーが生まれてくる。

AIに似たやり方として、フューチャーサーチというメソッドもある。[12] 名前からして未来探求となっているので、ビジョンを描く方法としてぴったりだ。いずれにせよ、未来へのビジョンを描くには、自問自答し、夢を形にするためのたゆまぬ努力が要る。



## 課題が山積する現代に、対話が問題解決を導く

現代では、世界的感染症拡大《パンデミック》対策、地球温暖化にエネルギー問題、安全保障とテロ対策、国際的金融危機や貿易自由化など、各国が協調して取り組まなければならない課題が山積している。このような国際的課題が、どんどんリアリティを増している。

目をそらしていれば問題がなくなるわけでもないし、誰かのせいにして責任転嫁すればよいわけでもない。内向きになって嵐が去るまで辛抱していれば、誰かが問題を解決してくれるというわけでもない。

人材のグローバル化を考えれば、他国の人々と一緒に働く機会がどんどん増えている。人種や体格や性別や年齢や宗教や出身国など、自分との接点を見出すのが難しい人たちと、対等に話し合って合意を形成していかなければならないことも多い。

同学年や同期や同世代とのつながりばかりが強く、画一的で均質なグループの中で育ったわれわれには、理解できないくらい違っているのが、グローバル時代の同僚や仕事仲間だ。リーチ・マイケルを主将に据え、多民族で構成されたラグビー日本代表ブレイブ・ブロッサムズなどは、日本

のチームの未来を予見させる。

だからこそ、グローバル化に対応できる人材を育てていかなければならないという指摘は、もう聞き飽きた。

グローバル時代にあって、対話がなぜ必要なのかといえば、それが問題解決を導くことができるからだ。

南アフリカのアパルトヘイト政策、コロンビアの内戦、パレスチナ紛争、北アイルランドの内戦など、ほとんど解決の見込みがないどん詰まりの対立状況を、政官財のトライアングル、さらには一般市民を巻き込んだ対話によって、解決してきた人がいる。

想像を絶する修羅場経験から、リーダーシップを身につけてきた紛争解決専門家のアダム・カヘン。彼は、見込みのない行き詰まりであっても、対話によって解決できることを強調する。[13)]

「自分ばかり話をして、人の話を聞かないこと」と「自分の考えを話さないこと」は、どん詰まりの状況を示すコインの裏表である。一方的な意見表明と無言の同調。これを続けていくと、集団間・集団内にコンフリクト（対立）が膨れ上がってくる。

目に見えるはっきりした対立だけがコンフリクトではない。けんか張りの激しい対立がなくとも、組織やグループや個人の間には、静かな対立もある。

盛り上がりのない沈滞した会議は、さまざまな組織で見られている。大学の教授会は最たるものだ。その様子を眺めれば、特定の人ばかりがどれほど一方的に話しているのか、それに対し、メンバーが一言も発言せず、いかに不満とあきらめを溜め込んでいるかを見て取ることができる。

周囲のメンバーが決めこむ様子見やシラケの態度は、組織の恥部を覆い隠すイチジクの葉だ。

ダイアローグ（対話）の本質は、「話すこと＆聞くこと」である。それを辛抱強く行っていけば、人々は希望ある新しい現実を創り出すことができる。コロナ禍の後に希望らしきものが見えないわが国でも、新しい未来は、立場の異なるさまざまな人々の対話によって創り上げられる。

生死を懸けたきびしい対立や紛争の場面でも、ダイアローグによる問題解決には驚くほどのパワーがあることを、カヘンが実例をもって示したことは大きい。

## 古典を裏読みする

社会と組織を前進させるリーダーシップは、仕事を通したきびしい経験を積むことと、立場の異なる人々との間でダイアローグ（対話）を持つことで育成される。それが本章の帰結である。

経験と対話がカギを握っている。

しかし、周りを見渡せばどうだろうか。他人の発言に割って入らない、意見が同じなら発言しない、自分の考えがまとまるまで発言しない。発言については、三拍子揃って慎重な姿勢をよしとするのが、東洋的価値観である。

『論語』には、「事に敏にして言に慎む」（学而第一の十四）とある。[14] 仕事はテキパキこなすが、言葉を慎むことをよしとする。対話より恭順を重んじる東洋の思想が息づいている。

それでも、本家本元の中国人は、不思議と声がデカイ。人口 14 億人の競争社会の中で、知恵と力を使って生き残らなければならないのだから自己主張が激しい。日本人ならば、タジタジとなってしまう。

わが国では、欧米のビジネスの影を慕って、最先端のビジネスモデルばかりに目が奪われている。一方で、経済面で中国に先を越され、韓国から突き上げをくらって不満を抱え込み、「嫌中」「嫌韓」の本が書店の棚にズラリと並んでいる。

論語の精神は、東洋の国々でも、そしてわれわれの心からも失われてしまって、今では見向きもされない。古臭くって、犬も食わない。でも、ウチには犬はいないからへっちゃらだ。

そんなご時世だから、古典をそのまま守るのではなくて、グローバルな時代に即して解釈し直すのがよい。今どきのリーダーであれば、仕事も速くて口も達者であるのがよい。若くてイケメンならもっといい。

「事に敏にして言を巧む」ことをめざそうではないか。

# リーダーの器はビジョンで決まる

chapter 10

## 落語にも知られた昔話

『たのきゅう』という昔話がある。徳島や秋田や新潟などなど、全国に伝わるこんなお話だ。

昔々、たのきゅうという旅芝居の役者がおった。

旅先の芝居小屋に「母　病床にあり」との手紙が届いたので、たのきゅうは急いで故郷に帰ることになった。途中の山道には、なんと、人をまるごと飲み込んでしまうウワバミ（大蛇）が住むというのだ。

たのきゅうがビクビクしながら山中の夜道を歩いていると、怪しい大男が現れた。その大男が「お前は何者か」と聞くので、恐る恐る「た、た、たのきゅう」と答えた。すると、大男は「たぬき」と聞き違え、「たぬきなら、化けるのがうまかろう。ならば、女に化けてみせろ」と言う。

大男の目を盗み、芝居道具のかつらと着物を身につけ、たのきゅうは見事に女に変わってみせた。大男は女にすっかり喜んで、「実は、ワシも化けておる」と、みるみるウワバミに変わってしまったのである。

たのきゅうは震え上がり、気を紛らわそうと、一服タバコを吸いつけた。するとウワバミは、「やめてくれ。タバコのヤニと柿渋が苦手なんじゃ！」と叫び、「たぬき、もしこのことを人間に漏らさば、お前を締め上げてやるぞ」と、たのきゅうにクギを刺した。

「ときに、お前の嫌いなものは何じゃ？」とウワバミが聞くので、たのきゅうはとっさに、「わしが嫌いなのは小判（お金）じゃ。小判がこわい」と答えたのである。

明くる朝、たのきゅうは、さっそくウワバミ退治の策を村人たちに教えた。すると、ウワバミにさんざん苦しめられた村人たちは、タバコのヤニと柿の渋を手に手に持って、ぷかぷかどんどん、ウワバミ退治に出かけたのであった。

不意を突かれたウワバミは、命からがら、ほうほうの体で山から逃げ出した。はらわたが煮えくり返ったウワバミは、勇んで、たのきゅうの家にやってきた。そうして「たぬきめ、これでも喰らえ！」と、天窓から小判をざらざら、ざらざらと投げ込んだ。

「助けて、苦しい」と、小判にまみれて苦しむたのきゅう。「ざまあみろ！」と捨て台詞を残してウワバミが去っていくと、どうだろう。

床を覆い尽くすほどの大金を手に入れて、たのきゅうはにんまりと笑みを浮かべている。そのお金で薬をどっさり買い、母の病気はすっかり治ったとさ。

たのきゅうとウワバミ（『まんが日本昔ばなし』の「たのきゅう」より）

『まんが日本昔ばなし』でも大人気だった話である。[1] カワイイ作画と、市原悦子と常田富士男の味わい深い語り口で、ご存じの方も多いだろう。

この話が面白いのは、好きなものを逆に嫌いと言って、本当の利を得るということである。嘘も方便。相手の裏をかき、機転を利かせることが、最後に身を助ける。

『たのきゅう』は、好きと嫌いの裏返しの妙があるとんち話であり、『まんじゅうこわい』とも並び知られている古典落語の名作だ。（六代目）三遊亭圓生師匠や立川談志師匠の十八番《おはこ》でもあったので、聴かれた方も多いだろう。



## 「たのきゅう」のリーダーシップ

では、この昔話のどこがリーダーシップにつながっているのか？

話に出てくるウワバミは、たのきゅうにとっては、自分で対処しなければならない外部の問題を象徴している。組織にとってみれば、会社や部署が直面しているマーケットや、ムリを言ってくる顧客や、海外からの競争やサプライチェーンやエネルギー問題などのさまざまな外部環境・ビジネス環境のことだ。外部の要因は、直接・間接に大きな圧力を及ぼしてくる。さらにやっかいなのは、外部から出される要求は曖昧であったり、無理難題であったりすることだ。

たぬきに間違えられたたのきゅうは、すぐにも食われてしまいそうな緊迫した状況で、「女に化けてみせろ」と突拍子もないことを要求された。そんな状況で、自分の得意とする芝居を生かして、見事に女に変身してみせる。現代のリーダーシップの考え方では、変化や変革がキーワードとなっているから、自分自身を変えてみせる自己変革は、リーダーシップの大事なアプローチである。自ら変化を起こすこと。

次に目を引くのが交渉力（ネゴシエーション）だろう。恐ろしい状況でも、やみくもに逃げたり争ったりすることなく、落ち着いてその状況に対処している。気を落ち着かせるために吸ったタバコが功を奏して、ウワバミの弱点を知っただけでなく、偽の弱点を教えて形勢の逆転を狙っている。そんな交渉上手な姿が、たのきゅうに見て取れる。

交渉術というのは、リーダーに強く求められているスキルなので、ハーバード・ビジネススクール（HBS）やノースウェスタン大学ケロッグ経営大学院で重点的に教えられている。

最もわかりやすいのは、もちろん、とんちや機転である。難しい状況に追い込まれてしまっても、それに怯まず、新たな視点で物事を解決する。次元を超えた発想で、そもそも問題を変えてしまっている。

ふつうの人であれば、正直に「蛇が嫌い」と答えて、かえってウワバミに食われてしまうのがオチだ。しかし、とんちの利くたのきゅうは、誰も嫌いなはずのない「お金が嫌いだ」と言って、不利を有利に変える下地を作っている。そこには、今はまだ的外れと思われるビジョンや、一見筋違いな将来性を見て取ることができる。

「お金が苦手」と偽の弱みを見せておいて、逆にお金を儲けるというところなんかは、経営者の鏡のようでもある。最終的には、利益につなげること。これは経営ビジョンを思いもよらない形で示した妙案だ。

最後に大切なのが、人を巻き込むことである。たのきゅうは、タバコのヤニと柿渋を使った策を伝えて、村人たちをウワバミ退治に巻き込んでいる。ウワバミに苦しめられてきた村人にとっては渡りに船であり、たのきゅうの策がなければ決して解決されることはない。まさに影響力である。

大きな方針を伝えて人に影響を与えることが、リーダーシップの本来の定義だとすれば、たのきゅうがウワバミ退治の奥の手を伝えて、老若男女の村人を巻き込んでいることこそが、リーダーシップの神髄といえるのではないか。

## 変革のためのビジョン

混迷するビジネス社会にあっては、リーダーシップは第一に、「変革」を意味するものである。リーダーシップの意味が数ある中で、変革の意義がクローズアップされている。たのきゅうが女に化けて危機を脱したように、自らを変えてみせて状況を打破しようとするのは、リーダーシップの一面の本質を捉えている。

ニューヨーク州立大学ビンガムトン校のバーナード・バスは、リーダーシップを特長づけるにあたって、個人のカリスマ性、ビジョンの提示、モラルの喚起、部下への配慮などを通して改革を推進する変革型のリーダーを、優れたタイプとしてはっきりと位置づけた。[2]

報酬と叱責（アメとムチ）でインセンティブを与え、部下の業務遂行を促す「取引型リーダーシップ」。部下の自由裁量を最大限尊重し、指示命令をしない「自由放任型リーダーシップ」。この２つのさえないリーダーシップと対比させることによって、組織に変化をもたらす「変革型リーダーシップ」を際立たせたのである。

変革をもたらすリーダーにとって、最も大切な要素はビジョンである。政治討論会や将来構想の場面では、この言葉をよく耳にするが、身近で実感をもってビジョンを体験することはほとんどない。それが変革のリーダーシップには不可欠なので、さらに困ったことになる。

ラテン語で見ることを意味するヴィデーレ（videre）を語源とし、未来像や将来展望を意味するビジョン（vision）。それは、将来の組織や社会に求めるべき姿を、言葉や絵として示したものである。

同じように未来を扱っていながら、目標や計画といった単なるマネジメント施策とは一線を画している。企業でビジョンを策定するときに、よくあることだが、部門ごとの中期計画を集めて１つの文書にまとめれば、組織のビジョンとなるというのは大間違いだ。

ビジョンは、リーダーの独りよがりであってはならない。社会性を持ち、利他的な香りがする、壮大なスケールの将来構想こそがビジョンたりえる。

自分勝手で利己的で、相手を蹴落とすことに熱心な組織であっても、「神の見えざる手」に導かれて、効率的に富と資源が分配されるという、市場の力に任せた経済学的パースペクティブでは、ビジョンを語ることはできない。

市場とか外部環境の影響を強調すればするほど、リーダーの決意は感じられず、責任放棄のように周りからは見えてしまう。ビジョンには、リーダーの意思と社会への強い思いがなくてはならないのだ。

> 「人々は苦しんでいます。人々は死にかけています。生態系全体が崩壊しかけています。私たちは、大量絶滅の始まりにいる。それなのに、あなた方が話すことといったら、お金のことや、経済発展がいつまでも続くといったおとぎ話ばかり。よくもそんなことが」

環境活動家のグレタ・トゥーンベリは、2019年9月の国連気候行動サミットで、各国の首脳に怒りの矛先を向けた。16歳の少女が眉間にシワを寄せて、大人を批判する。そんな姿に共感と不快感が交錯した。

人々に危機を知らせ目覚めさせる「社会の木鐸《ぼくたく》」というのは、社会活動家やメディアにとって、なくてはならない役割だ。しかし、批判を繰り返すだけでは、ビジョンにはならないし、周りもシラケてついてこない。だから、明るいことを口にするのも大切である。

「好むと好まざるとにかかわらず、世界は変わり始めています」と、変化を強調してスピーチを締めくくったグレタ。

## 人々をインスパイアする

ビジョンは、組織と社会の夢にあたる。だから、ビジョンを語り伝えることによって、フォロワーの感情を揺さぶり、その達成に向けて周囲を巻き込むことができるのだ。別の言い方をすれば、ビジョンは人々をインスパイアすることができる。[3)]

インスパイアというのはなかなか訳出するのが難しいが、思想や生命などを吹き込んだり、感化・啓発・鼓舞することをいう。平たく言えば、ひらめき《インスピレーション》や感動を通して、人々に勇気を与えることである。

in（中に入れる）とspirare（息吹）というラテン語を語源としている。ラテン語もよく知らないのに、知ったかぶりの受け売りでしたっ！　すまん（ええんやで、とフォローしてほしい）。

インスパイアというのは、未来図や約束の地を人々の想像のうちに植えつけて、理想に向かわせる力を与えることだ。鼓舞することと直訳されるケースが多いけれども、「太鼓を叩き、舞を踊ってふるい立たせること」を暗示する和語とは、少しイメージが合わないのが、玉にキズだ。

リーダーの描いたビジョンが人を引きつけ、頭の中に植え込まれ、自然に周囲を動かしていく。そのためには、フォロワーの頭の中で、しっかりとした像を結ばなければならない。語源のとおりに、目にありありと見えるようでなければならない。

美しい未来を、約束の地を描いてみせ、それがはっきりした残像として、人々の頭の中に残ること。言葉が持つ力強さを信じて、熱心に未来を語って聞かせることだ。

たとえば、ミドリムシの培養技術を通して、健康増進と貧困撲滅をめざすバイオベンチャー企業のユーグレナ社長の出雲充のビジョンは壮大だ。

> 「豊かな栄養素が１つに詰まったミドリムシで、栄養失調のバングラデシュの子どもたちを救う。ミドリムシで、人と地球を健康にする」[4]

組織を束ねるリーダーにはビジョンが要る。借りてきた言葉や一般論ではなく、自ら語るべき言葉が要る。

首相官邸でプロンプター（原稿を映す透明板）に書かれた原稿を、間違えないように棒読みしても、アナウンサーのように聞こえて、その言葉はわれわれ１人ひとりの心には刺さらない。

また、人気取りのリップサービスや失言覚悟のぶっちゃけ裏話を、部下のいる前で吹聴したところで、懇親会で笑いをとったり、バラエティ番組のMCはできたとしても、組織でリーダーシップを発揮することはできない。

変革型のリーダーに期待されるのは、自らの言葉で未来や理想を語ることである。自らが夢やビジョンを語ってこそ、人心を掌握できるのだ。

## 直感・第六感の復権

マネジメントとリーダーシップの違いを、頭の働きで捉えてみよう。

ビジネスで繰り返し強調されてきた理性的な問題解決というのは、多くの人が慣れ親しんできたマネジメントの方略である。会社の中にいると、ついつい、理性と論理が先走ってしまう。

誕生日のデートの約束を、残業を理由に断ろうとした男性が、「仕事と私とどっちが大切なのよっ！　そんなに好きなら、仕事と結婚すればっ」と彼女にキレられて、あっけにとられているシーンが目に浮かぶ。仕事と恋人を比べるなんて、論理が破綻している。

一方、リーダーシップは直感的な創造的思考に頼っている。とりわけ、ビジョンというのは、直感や創造的思考と相性が良い。それは、突然リーダーの頭にひらめくようなタイプのものであり、ロジックは後付けだ。

デートに失敗しそうならば、「キミとの未来のために、今日は仕事に邁進する。缶コーヒーで、キミの瞳に乾杯」と切り返せれば、立派なリーダーだ。

合理的・論理的であることが仕事の価値と結びついているわれわれの頭の構造に、これまで非合理・非論理的と片づけられてきた直感やイメージや第六感を、リーダーシップのアプローチとして復権させることは、言うほど簡単ではないかもしれない。直感や勘は、合理性が支配するビジネス界では、疎んじられる宿命にあったからだ。

そんな世間はどこ吹く風。コンピュータより「勘ピュータ」を地でいく経営者もいる。スズキ会長の鈴木修はこう述べている。

「人は五感で何かをつかめる。科学的じゃないという人もいるだろう。しかし、行動を重ねながら五感で体験をしていくと、勘は当たるようになっていく」[5]

人間が完全に合理的でないことは、古くはノーベル経済学賞を受賞したハーバート・A・サイモンの「限定合理性」の考え方からも広く知られており、[6] 最近特に流行っている行動経済学の基礎を形作っている。特に影響が大きいのが、ノーベル経済学賞を受賞したプリンストン大学の心理学者ダニエル・カーネマンだ。

心理学と経済学の垣根を崩したカーネマンが、著書『ファスト＆スロー』の中で示したのは、人間が持つ2つの認識のあり方である。[7] 二重過程理論としても知られているものだ。

電話を取ったとたんに、相手が怒っていることはすぐにわかる。車が少なく空いた道路では、鼻歌交じりに運転できる。こんなふうに、深く考えず、知覚や直感や記憶に頼って即座に、自動的に判断・行動する仕組みを、システム1（速い思考）と呼んでいる。

普段われわれは、直感的・自動的に物事を判断している。ほとんど意識することなく、自動操縦で思考したり判断しているときには、システム1のお世話になっているのだ。

しかし、物事がややこしくなってきて、無意識に解決できない状況に直面すると、システム2（遅い思考）が登場し、主導権を握るようになる。システム2は、時間をかけて熟慮し、慎重に理性的に判断する仕組みである。論理的思考や注意深い判断を特徴としている。

理性や分析をよしとする近代社会では、システム2を働かせる知的努力を尊重してきた。たとえば、スマートフォンを選ぶとき、たくさんの機種と複雑な料金プランの中から、自分の欲しいものを1つ選ぶような場合である。

注意力を必要とし、しっかりとものを考えなければならないとき、システム2が活躍する。しかし、あんまり頭を悩ませて、買ったスマホが本当に欲しかったものなのか、わからなくなってしまうこともある。やれやれ。

お金を扱う財務部や経理部であれば、苦虫を噛みつぶしたような表情で財務分析をし、リスクを避け、「石橋を叩いて渡る」ような人が向いている。ミスを嫌い、正しいことを求める態度が大事だ。

がん保険や医療保険に悩んでいる人であれば、アフラックダック（アヒル）の前で、「♪よ～く考えよう」と幼稚園児が歌っていることを思い出し、保険が必要なのか、お金が必要なのかを、よく考えてから決める。どちらもシステム２だ。

一方、イノベーションが求められる組織——たとえば、研究開発部やプロジェクトチームなど——であれば、サントリー創業者の鳥井信治郎が掲げた「やってみなはれ」精神とか、堀場製作所創業者の堀場雅夫が残した社是「おもしろおかしく（Joy & Fun）」などに通じる、喜びや楽しみに満ちた組織文化が大切になる。

失敗を楽しめる人が向いている。

## 速い思考と遅い思考

表10-1に示したように、この２つの思考にはそれぞれ特徴がある。理性と論理でがんじがらめの知的努力（システム２の働き）には、つらくて気が滅入ってしまうだろう。システム１を頼りに直感を働かせていけば、気分が開けて、楽しくなる。創造的な営みは往々にして楽しいものだ。頭の使い方の違いは、気分の違いにもかかわっている。

| | 認識 | 長所 | 短所 | 気分 |
|---|---|---|---|---|
| システム1（速い思考） | 直感 | 創造性 | 騙されやすさ | 陽気（楽しい・好き） |
| システム2（遅い思考） | 理性 論理・分析 | 知的努力 | 警戒心・疑り深さ | 陰気（つらい・嫌い） |

表10-1　速い思考と遅い思考

Q：日本生まれの白い犬と黒い犬。日本人のようにおとなしくて、吠えないのはどっち？

子どもはなぞなぞが大好きだ。子どもには創造的な思考があふれている。だから、子どもから学ぶのがよい。

白い犬と黒い犬とで、吠えるか吠えないかに違いはないと考えるのが、ふつうのロジックである。それに対して、ズレた考えを求めるのがなぞなぞだ。論理の筋道から外れて、非論理的であっても、まったく別の思考をもたらすところに、面白さや楽しさがある。

答えはもちろん、黒い犬。

「黒」と「犬」、2つの漢字を並べてみたら、「黙」となる。ユーモアや面白さというのは、論理のズレから生まれるものだ。

システム2（遅い思考）は論理的で分析的な頭の使い方である。一方のシステム1（速い思考）は、直感的で物事を深く考えない。理性や論理は正しいか・正しくないかを判断するが、直感は面白いか・面白くないか（楽しいか・楽しくないか）を理解する。大切なのは、この2つが組み合わさることだ。

警戒心と陽気さ。この組み合わせがなければ、ユーモアもない。

Kawaii（カワイイ）が世界で通じる時代になっていても、今でも関西方面では、Omoroi（おもろい）がサイコーの褒め言葉だ。

## ビジョンを語る

最高のリーダーが考えているたった1つのこととして、先に紹介したマーカス・バッキンガムは、ビジョンを上げた。ビジョンさえあれば、多くの人を動かせる未来志向のリーダーは、百人力なのだ。

もしあなたが、未来志向のリーダーシップを発揮しているかどうかを見極めようとすれば、次の問いを自問してみるのがよいだろう。

Q：自分の部署の5年後がどんなふうになると思うか、自分が持っている将来のイメージを語っていますか？

Q：部下がどこの部署でどんな力を発揮して働いているか、その期待を伝えていますか？

マクドナルドのスマイルではないが、語るのはタダ（¥0）だ。語った話が実現しなかったとしても、虚言癖だと叩かれるわけでもない。誰も予言者ではないのだから、当たりハズレを気にする必要もない。

周りの人に、自分の思い描いているイメージを伝えること。当たりハズレの問題ではなく、明るい将来をイメージして語ること自体に価値がある。

語りが下手ならば、絵を書いてもいい。文字どおり、大きな「絵を描く」というやつだ。

アメリカの公民権運動で活躍し、ノーベル平和賞を受賞したマーティン・ルーサー・キング牧師。1963年8月28日、「ワシントン大行進」でリンカーン記念堂に集まった20万人以上のデモ参加者の前で、かの有名な演説を行った。

「私には夢がある。いつの日にか、ジョージアの赤土の丘の上で、かつて奴隷であった者の子孫と、かつて奴隷主であった者の子孫が、兄弟として同じテーブルに腰掛けるときがくるという夢が。(中略)

私には夢がある。いつの日にか、私の4人の幼い子どもたちが、肌の色ではなく、人となりそのものによって判断される国に住むときがくるという夢が」[8)]

ビジョンは利己的ではない。ビジョンは社会性を持つ。ビジョンは次代につながる。キング牧師の演説でも、「私の4人の子どもたち」というペルソナ（マーケティングでいう人物像）を使って、未来を表現している。

わが国に目を移してみれば、『ジャングル大帝』『鉄腕アトム』『リボンの騎士』『どろろ』『ブラック・ジャック』『アドルフに告ぐ』など、生涯604作品と約15万枚の原稿を遺した「マンガの神様」手塚治虫は、こんなことを述べている。

「子どもの求める本質的なものは、時代を超越して常に同じだと思います。それは未知への探究心と、得たものに対する驚異です。子どもの文化に携わる人間は、後ろを振り返ってはいけないような気がします。

子どもの夢が限りなく伸びるように、子どものための作品も、いつも進歩を続けていかなくてはならないからです」[9]

手塚がビジョンを語るときのキーワードは、いつも決まって、次世代を担う子どもたちの夢だ。

少子高齢化の進んだわが国では、シルバーをメインターゲットにしたシニアマーケティングが、今後の経済を支えると予想されている。高齢者が消費の中心となっているから、健康や趣味をキーワードにした将来像が描かれている。

この流れに呑まれてしまえば、未来は、間違いなく「老後」となる。しかし、未来を老後と言い換えてしまうのは、どこか悲しい。将来の希望から受けるパワーが、どうしても弱くなってしまう。

だから、組織やグループを束ねるリーダーとしてビジョンを語ろうとすれば、「次世代」を念頭に入れなければならない。まさに、キング牧師が語ったように。

## ビジョンなき民は滅ぶ

「われわれが直面する課題は、それを作ったときと同じ次元の思考では解決することはできない」と、アルバート・アインシュタインは語った。物事を考えるにあたって、視点の転換とパラダイムシフトの大切さを示している言葉である。

本当に創造的な問題解決というものは、今われわれが置かれている次元を超える壮大なものであるはずだ。だからこそ、社会にはリーダーシップが欠かせない。

リーダーシップの中核要素として、ビジョンを強調するのにもわけがある。辛くて心が折れそうな時代の中でも、ビジョンはわれわれに勇気と希望を与え、輝ける未来に向けて進もうとする前向きな気持ちにさせてくれるからだ。

ビジョンというのは、ケタ外れでありたい。実現困難であっても、夢があるからビジョンなのだ。そして、その考え方を知れば、面白さや楽しさや爽快感を感じるものである。

Where there is no vision, the people perish. (Proverbs 29: 18)
「幻なき民は滅ぶ」(箴言 29 章 18 節)

これは旧約聖書の箴言にある教えである。元はヘブライ語なので、いろいろな言語で訳出されているが、和訳より英訳のほうがゾクッとする。

この節に出てくる幻(vision)とは、預言や神の啓示といった宗教的で本来的なビジョンを意味している。軽々しく口にはできない深遠さを持っている。

ツイッターで 140 文字のコミュニケーションに慣れてしまうと、言葉が軽くなってしまうし、人物もチャラくなる。政治の場が議会から SNS に移るようになると、華やかな言葉が舞い、一方的な決めつけと放言が行き交う。

劇場型の政治運営と議会を軽視した場外乱闘が、日常茶飯となっている。だから、真摯な討論は行われず、言葉尻ばかりが捉えられてしまう。トランプ大統領の登場によって、アメリカのリーダーシップの化けの皮が剥がれたように感じるのは、筆者だけではないだろう。

その反省に立てば、政治を志す人や組織を牽引する立場の人は、ビジョンという言葉を軽々しく使ってはいけない。ビジョンを語るには、相応の覚悟が要る。目標や計画をビジョンと呼んで、ごまかしてはならない。

社会や組織を前に進めるためには、壮大なビジョンが要る。ビジョンは絶望の淵にある人を救うことができる。分断の時代にあっては、ビジョンは人々を団結させる。それほどのパワーを持つものだ。

バブル崩壊以降、30 年の長きにわたって好景気を経験したことのない世代が、過去の栄光にすがって組織を導いてきた年長者の例にならう。そんな時代である。「昔の良かった時代をもう一度復活させる」といった回顧的なビジョンは役に立たない。年長者のよくやる回顧的な考え方は、未来を志向するビジョンとは、そもそも矛盾している。

箴言にもあるように、ビジョンなき民は滅ぶ。

先人たちが明治期から培ってきたアジアの盟主の自負を、古代からアジアの中心であった中国に取り戻され、自信を失ってしまったわれわれこそ、この言葉の持つ意味を噛み締めたい。

リーダーの器はビジョンで決まる。混迷する現代では、のどから手が出るほどリーダーシップが求められている。だからこそ、組織と社会の至るところで、ビジョンを語れるリーダーを見極めて選んでいく責任が課せられている。

chapter 11

# ビジョンの鍛え方

## リーダーシップの修行

ここまで熱心にビジョンの大切さをアピールしていると、違った反応も返ってくる。

ビジョン、ビジョンとうるさい！　メガネショップでもあるまいし。

美女ん？　そんなふうに言われても。私、恥ずかしいわぁ。

読者の皆さんにそっぽを向かれないように、ビジョンを押し売りするのではなく、自らビジョンを鍛えていくためのヒントを少々。

リーダーシップのビジョンを鍛えるには、考える時間を持つことと、未来を考えるクセをつけることである。イメージを膨らませ、自分が信じる未来をはっきりさせる。

『ドラえもん』がなぜここまで広まったのかといえば、ひみつ道具を次々に生み出すアイディアの豊かさがあったからである。未来と現代をつなぐSF（すこし・ふしぎ）の世界を、藤子・F・不二雄は寝る間も惜しんで考え出した。

未来を示すビジョンは、考えることからしか生まれない。だから、ビジョンを描くリーダーには、多忙な時間を割いて、じっくりと自分なりに考えることが大切だ。

とはいえ、時間をかければできるものでもないし、ちんぷんかんぷんで、どこから手をつけてよいかわからないようにも感じられてしまう。そこで、関西の公益企業で実施した「リーダーシップ修行《リトリート》」に注目してみよう。

この組織では、経営幹部を育成するための「経営塾」を実施している。経営塾というくらいだから、次代の経営者と目される幹部候補者が、毎年10名くらい選考されて、参加が許されている。普段は別々の組織や部署で働いているから、あまり会うことはない。しかし、お互いに知り合っているし、何かと刺激し合う、気になる間柄だ。

表11-1をご覧いただきたい。経営塾として、リーダーシップを鍛えるコンテンツが示されている。

| イベント | 内容 |
|---|---|
| 1. リーダーシップ講義 | ・リーダーシップ理論と実践に関する講義<br>・リーダーシップ修行に向けての準備説明 |
| 2. 副社長塾 | ・副社長の講話と薫陶 |
| 3. 社長塾 | ・社長の講話と薫陶 |
| 4. リーダーシップ修行 | ・ビジョン映像　・模擬就任演説<br>・社長ならびに講師からの講評 |

**表11-1　リーダーシップ修行プログラム**

経営塾は、リーダーシップの講義から始まる。リーダーシップの理論を解説するというのは、ふつうのリーダーシップ研修と同じ。座学をもって知識を得る。役に立つかどうかは、本人次第。ただし、講義だけでリーダーシップが身についた例は知らない。

続いて、社長や副社長などの経営幹部から、直々に薫陶を受ける。社のトップに上り詰めた人から、その経験や苦労から身につけてきたご自身のリーダーシップ持論を、直に伝授してもらうのだ。

ミシガン大学のノール・ティシーによれば、リーダー自らが持論（TPOV）を語り、次のリーダーを育成する仕組みが、リーダーシップの動力となる。[1] リーダーを育成できるのは、コンサルタントや大学の先生ではなく、リーダー自身しかいない。次代のリーダーを育てるのが、リーダーの役割だ。

薫陶を授かるほうとしても、雲の上と思しき人たちから、身近な事例を挙げながら、質疑応答のやり取りを通してリーダーシップを学ぶのは、効果がデカイ。

そして、お待ちかね。研修のメインイベントとして、「リーダーシップ修行」が組み入れられている。

リーダーシップの修行は、マネジャーとして順調に育ってきた幹部候補者に、マネジメントの意識から脱し、リーダーシップの本質を身につけてもらうべく、組まれたものである。コンサルタントが行う通常のレクチャーでは決して身につけられない、特別の修行体験を盛り込んでいる。

マネジャーからリーダーへ脱皮する。経営者として一目置かれる。一回り大きくなるためには、古い殻を脱ぎ捨てなければならない。

そのための事前準備である。シミュレーションといってもよい。とはいっても、競走馬を育成したり、国盗りをしたり、アニメの美少女や美男子と恋愛したりすることではない。

そのための仕掛けは、模擬就任演説を行うこと。修行体験のヤマ場が、模擬就任演説で訪れる。参加者各自が、自分が部門長になった場面を想定し、初めての就任演説をしてもらうものである。今のポジションより1～2段上の役職に就いたことをイメージし、実際にそうなったときの予行演習として、模擬の就任演説を行うのだ。

人前で就任演説を行うだけでも緊張するのに、さらにきびしい修行が待ち受けている。

それは、就任演説のために、ビジョンを可視化した映像を各自が作ることである。プレゼンテーションツールを使って、部門の将来やビジョンを映し出すイメージ映像（1～2分）を、自分なりに作ってみるのだ。

そして、就任演説の草稿（4～5分）を準備する。自分の思い描いたビジョンを映像作品の形で披露した後で、思いの丈を自分の言葉で語るために、あらかじめ原稿を書く。

模擬就任演説を良いものにしていくために、参加者に注意を促しているのは、部下の心に響く就任演説をするために、大きな絵を描くということである。大きな絵というのは、ビジョンそのものだ。

それは決して、実現可能性を担保した事業計画などではない。事業戦略やマーケティング戦略のような、理性が主導する将来図では、頭でっかちだ。ビジョンをストーリー風に仕上げていかなければ、部下の心には届くことはない。そのために、映像や画像の力を借りて、ビジョンを可視化していくのだ。

## スピーチをサポートするVCMD

将来を予感し、人々を感激させ、一緒に力になってもらえるようなビジョンを立てること。すべてはそこから始まる。ビジョン構築の一丁目一番地、いろはの「い」である。

ただし、スピーチをサポートするために、必ず加えてもらうコンテンツを指導している。それは4つ。図11-1を見てほしい。

第1は、ビジュアルイメージである。ビジョンをうまく伝えるビジュアル（画像・動画）を用意する。自分で絵を描くのが理想だが、「私、絵が下手なもんで」という言い訳が、いつも必ず聞こえてくる。だから、ウェブの画像や社内の動画を使ってもOK。自分の思いが伝わるビジュアルを探そう。

第2は、短くて力強いコピー（メッセージ）である。生まれたときからTVコマーシャルとともに生活してきたわれわれには、誰に教わらなくても知っていることがある。つまり、短いメッセージのほうが心に響くということだ。画面ですぐに認識できるのは、20文字まで。長々と文章をつなげても、説教臭くていけない。

パワポに細かな文字と小さな数字を敷き詰めて、情報量の多い、満腹感たっぷりの資料を作るのに慣れてしまったビジネスパーソンには、文字を減らすのは怖いかもしれない。しかし、プレゼンテーションでは、文字を少なくしたほうが伝わるものだ。

また、英語を効果的に使うのがよい。グローバル時代にあって、英語でのコミュニケーションに苦手意識があっても、短い英語なら苦にならない。

第3は、心に響くミュージックである。文字を削った代わりに、音楽の効果を使う。「ビジネスの場面で音楽付きというのはどうか？」と、首をひねってしまうかもしれない。しかし、イメージ映像で音楽がないというのはありえない。

タワーレコードの営業ではないが、「NO MUSIC, NO LIFE！」ビジョンにもミュージックが要る。

自分で描いた大きな絵に自分が感じた音楽を乗せるのは、絵画を額装したときのように、10倍くらい価値が増すものである。不思議なことに、同じ映像イメージでも、音楽によって印象がガラリと変わる。BGMをいろいろ変えて試してみると、音楽の効果で、いかにイメージが変わってくるのかを、体験できる。

そして最後が、美しく装うデザインである。魅力的なデザインが、イメージを左右する。文字だらけのパワポなんて、もう結構。右脳に訴えかける美的センスが、訴求力を高めることを知っておこう。

ビジョンを伝えるビジュアルイメージ（V）、短くて力強いコピー（C）、心に響くミュージック（M）、そして、魅力的なデザイン（D）。この4つを盛り込んで、イメージ映像を制作するのがカギだ。

略してVCMD《ヴィコマンド》、「視覚的な指揮」という意味でもある。

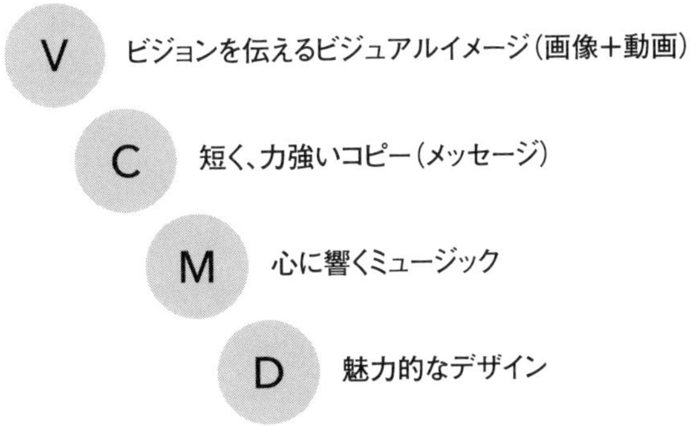


図11-1　VCMDの4要素

## メッセージに込める自分らしさ

イメージ映像の制作プロセスでは、絵コンテを使って、ストーリーメーキングする。絵コンテというのは、コマ割りした絵と、内容を記したセリフやコピーが描かれた用紙だ。アニメーション業界やCM業界でクリエイティブ職として働いている人であれば、日常的に使っている。

リーダーシップのビジョンを作成するにあたっても、クリエイティブの人たちがやっているのと同じ手法を使うのがよい。ビジョンをイメージ映像を使って伝えるのだから、ビジュアル・シンキング（視覚的思考）の能力を養わなければならない。そのための絵コンテだ。

MBAプログラムでは、ロジカル・シンキング（論理的思考）やクリティカル・シンキング（批判的思考）ばかりが強調されている。理性と論理が支配している。しかし、リーダーシップを育成するのであれば、視覚的・感覚的に物事を考える思考法も必要だ。ビジュアルの力は絶大である。

また、絵コンテを描いた経験が一度でもあれば、次からは全体の構想と仕様を固めて、ビジョン動画を代理店に発注できる。自分のビジョンを可視化するにも、全部自分で制作するのは何かとしんどい。だから、ビジョンの骨格だけを定めて、あとの映像や音楽はアウトソーシングできる。そんなノウハウを身につけるのも、後々のためになる。

イメージ映像を披露した後には、お待ちかねの就任演説が続く。イメージ映像を通して、自分の描いたビジョンを伝えた余韻が、その場を支配している。そこで、映像では伝えきれない部分を、生の声で訴えかけるのである。

メンバーの頭の中にイメージを掻き立て、ワクワクするよう感情を呼び起こし、記憶に残る力強いメッセージを、スピーチに込める。

自分は口下手だからと思っても、心配は無用だ。イメージ映像の余韻があるから、誰もが名ナレーターになれる。そして、リーダーが生の声でビジョンの実現を訴えることほど、心を動かすものはない。

何度もこの修行に参加していると、イメージ映像と生の声のセットが、いかに効果的であるかを感じることができる。映像の力を借りて、自分の思いを形にする。ビジョンを映像作品のようにして流すと、視聴者の頭の中にリーダーの思いが伝わり、はっきりと残影を留めている。

そのタイミングで、ビジョン形成の背景となった過去の体験やストーリーや自分の思いを、自分の言葉で語りかける。すると、ビジョンは一気に昇華し、聞き手の心に突き刺さる。感極まり、涙を誘うビジョンもある。リーダーシップのエモーショナルな瞬間である。

「○○さんらしい考え方が、昔の経験から出ていたことがわかったし、将来の方向性がイキイキと描かれ、大変よく伝わってきました。音楽も良かったし」というのが、スピーチを聴いている人の、典型的な反応だ。お堅い会社に勤めていながら、こんなに個性あふれる演説ができるとは。

図11-2　ビジョンのイメージ映像

人は見かけによらない。部署にもよらない。営業や花形部門ではなく、人事部や法務部のほうが、面白いビジョンが出てくるのには、ビックリする。(;゜ロ゜)

また、コピーに使われた短い言葉は、それを外国語に直せば、グローバルの壁を一気に突き崩す起爆力を持っている。短いメッセージに込められた中核のビジョンは、映像と音楽とデザインの力を受けて、文化を超えて伝わっていく。

英語が不得手なリーダーであれば、VCMD《ヴィコマンド》メソッドを使わない手はないだろう。欧米のような饒舌なリーダーシップでなくても、余韻を伴うビジョンを示せば、人はついてくる。

## リーダーシップ修行の効果

実に特徴的なビジョンの策定・浸透のためのリーダーシップ修行《リトリート》だが、効果のほどはどうなのか？

目立った効果がなければ、手間のかかる演習はやめて、ふつうの研修のレクチャーにすればよいと思うだろう。コンサルタントはフィーが高いので、大学の先生に頼めば、面白味はないだろうが、何かと安上がりだ。

有名なドナルド・カークパトリックによる研修効果の評価を行っていないので、数値として計測されてはいない。しかし、実際に研修を担当してきた感想からすれば、ビジョンというこれまでにないリーダーシップの要素を育成するうえで、他に比べることのできない独特の効果を持っていると感じている。

リーダーシップ修行で上がった生の声を、いくつか拾ってみよう。

参加者の感想というのは、研修の効果測定として、最も頻繁に取り上げられているものだ。[2] 研修実施を担当する部署が気にするのは、参加者の生の声だし、研修をこのまま継続するかどうかに影響する。

「イメージ映像を使い、部門の将来やビジョンを表現し、映像に続いて演説を行いました。戸惑いもありましたが、いい経験ができました」

「これまで使ってこなかった頭の違う部分を働かせるユニークな演習でした」

「映像の作成と編集は、平日に作業をするのは難しく、正直苦労しましたが、やってみると結構面白く、また、効果的な伝え方を意識するようになり、やって良かったと思います」

「演習は、準備に予想以上に時間を要しましたが、良い経験になりました。メンバーに対してどうすればメッセージが伝わるか、実際に組織のトップの立場に自分を置いて、取り組んでみてよくわかりました」

「日常業務では体験しないことを経験し悪戦苦闘しましたが、面白く、非常に良い経験になりました。何よりも、部全体の将来を見通し、整理して考える良い機会となりましたし、部長になった場合の予行演習もできました」

と、こんな声が聞こえてくる。

## ストーリーメーキングと ビジュアル・コミュニケーション

リーダーシップ修行では、イメージ映像を制作する過程で、大きく2つのことを育成している。「ストーリーメーキング」と「ビジュアル・コミュニケーション」である。

ビデオを通して自分のビジョンを伝える。そのためには、長い言葉は無用だ。短い文章（コピー）をつなげて、ストーリーを完成させなければ、見る人の心に訴求しない。絵コンテを作りながら、ストーリーを練っていく。ストーリーメーキングの過程は、ドラマやCM作りといったクリエイティブな仕事と通じている。

もう1つがビジュアルコミュニケーションである。ネットで情報がやり取りされる現代では、言語による発想よりも、ビジュアルな発想が求められている。

文字だらけのメールと、ショートメッセージにカワイイ系のスタンプでつながるLINEを比べたら、どっちが響くだろうか？

もう、おわかりだろう。

デジタルジェネレーションではなくても、文字よりイラストやフォトのほうが、強い訴求力と印象を与えることができることを、われわれは直感的に知っている。だから、イメージ映像では文字を極力使わずに、画像と映像の力を借りて、自分の考えをアピールすることだ。

さらに、音楽をつけるとイメージが一変するから不思議だ。文字だらけのパワポ資料が眠気を誘うことに気づいている人なら、文字情報に頼りすぎないで、ビジュアルで内容を伝え、ミュージックによって印象的にアピールできることを、理解できるはずだ。

ビジョンを伝えるビジュアルイメージ（V）＋短くて力強いコピー（C）＋心に響くミュージック（M）＋魅力的なデザイン（D)。この４つを手がかりにして、参加者の創造性を掻き立てるVCMD《ヴィコマンド》のメソッド。

これこそ、リーダーシップのための新しい「頭の体操」だ。

「頭のこれまで使ったことのない部分を使っている」とか、「頭がしびれる～っ」とか、「これまで、仕事で、どれほど言葉に頼りきっていたかがわかった」とか。参加者の反響に耳を傾ければ、この新しいリーダーシップ訓練が、どれほど頭脳を刺激し、日頃使っていない頭の部分を活性化するのかがわかる。

筋肉が硬くなっていると、ケガをしやすくなる。だからスポーツをする前に、入念にストレッチする。頭も固くなっていると、組織としても失敗が多くなる。だから、しっかりと頭も柔らかくする。ブレインストレッチが必要なのだ。

人に対する影響力は、多弁なレトリックではなく、言葉の裏に見え隠れするリーダーの情熱や自信や安心感などに、大きく左右される。このような非言語の持つパワーを、ハーバード大学のエイミー・カディは、プレゼンスと呼んだ。[3]

プレゼンスとは、単なる表面的な存在感のあるなしではなく、自分本来の思いや価値観や自分らしさを、素直にありのままに表現できている状態を指している。弁が立つとか口下手だとかではなく、その人が信奉する価値や人となりを伝える話し方や態度にある。

快弁を振るい、言葉で人を手繰るのが上手でなくても、不利にはならない。ただし、リーダーの語りは、他の人では出せない自分らしさを伴わなければならない。世間に知られているような借りてきた理想論を語ったとしても、見破られてしまう。人は心の奥底の無意識のレベルで、嘘や偽善に気がつくものだから。

リーダーシップ修行で、本当のリーダーシップを身につけるためには、自分が本当に信じている正直な考え方から、ビジョンが生まれ、可視化されていることにフォーカスしよう。そうすれば、自分らしいストーリーに導かれて、自然にリーダーシップを語ることができるのだ。

# 12 chapter

# リーダーは従者であり、分かち合う

## リーダーは誰か？

Q：この図のA・B・Cの中で、誰がリーダーだと思いますか？

あなたがリーダーだとしたら、A・B・Cの立ち位置の中で、どのポジションをとるのがよいと思いますか？　自分自身の経験に照らして、一番しっくりくるものを選んでください。

**図12-1　リーダーは誰か?**

図12-1には、数人のビジネスパーソンが描かれている。みんな同じ姿形をしている。だから、A・B・Cのどのポジションを選ぶかによって、

あなたのリーダーシップのスタイルがわかる。

Aのポジションを選んだ人は手を挙げてください。そう、あなたはリーダーに適任です！

先頭のAを選んだ人は、絵に書いたようなリーダーである。本書で長々と述べられてきたことが、しっかりと頭と態度に染み込んでいる。リーダーというのは誰かをリードする人の意味だから、人の先に立って模範を示し率先垂範するのは、文字どおりリーダーシップの姿を表している。

では、A以外を選んだ人はいますか？　それはどうしてですか？

この図によって、リーダーシップが文化によっていることを調べることができる。自分にしっくりくるリーダーシップのポジションはどこかを考えることには、リーダーシップについて普段持っている意見が反映されるのだ。それを比較してみれば、文化による違いが明らかになる。

シカゴ大学のターニャ・メノンら[1]は、102名のアメリカ人と126名のシンガポール人の学部生に対し、図12-1のような図を使って調査を行った。集団を先導する立場と集団についていく立場を対比させて、ふつうの人々が抱く「リーダーシップ持論」（リーダーシップに対する見方）を探っている。

そこで明らかになったのは、まず、アメリカ人もシンガポール人も、Aのポジションをリーダーシップと見なすことが多いということだ。リーダーシップの国アメリカでは、94%の人がリーダーを集団を先駆するポジションと見ている。一方、中華系の多いシンガポールの場合、Aを選んだ人は80%。若干ではあるが、A以外を選んだ人が多い。それが文化の違いだ。

先頭のAの次には、最後尾のCが目につきやすい。

Cのポジションをリーダーとして選んだ理由としては、全体がよく見えるとか、集団を後ろから支えるとかである。最後尾はしんがり（殿）と呼ばれるが、しんがりのリーダーシップというのは、ウケがいい。

戦《いくさ》にあっては、しんがりは劣勢となった本隊の後退や味方の撤退を支えるために、援軍もなく、限られた兵力で、敵の追撃を食い止めなければならない。大変難しい任務である。そのため古来より、武芸と人格に秀でたきわめて優秀な人物でなければ、担うことができない大役であると思われてきた。

先頭に立って、敵に攻め込むだけがリーダーではない。味方を守るために後方を固めていくのも、リーダーであると考えるのがよい。

メノンらの調査では、それぞれのリーダーの印象も調べている。アメリカ人の場合、優秀なのは先頭のほうであり、しんがりはそれほど優秀だとは思われていない。一方、シンガポール人の場合では、しんがりはグループ全体に意識が向いているので、優秀さでは先頭に劣っていないと感じている。リーダーシップは文化に依存することがわかる。

オックスフォード英語辞典を見れば、リーダーとは、「先頭を行く者」と書かれている。和語でいう「指示して導いていく指導者」のイメージとはかなり離れて、英語圏では、人の前に立たなければリーダーシップとは思われていない。

群れを追うな。群れを引き連れよ。
（Don’t follow the crowd. Let the crowd follow you.）

「鉄の女」と呼ばれたイギリス首相マーガレット・サッチャーはそう語った。男性社会であった大英議会で、女性として初の宰相に上り詰めた意思と行動力には、敬服するほかはない。そして、性別にかかわらず、人の先に立つことが、何より大切な価値観であることが述べられている。

一方、東洋思想ではどうか？

「民に上《かみ》たらんと欲すれば、必ず言《げん》を以《も》ってこれに下り、民に先《さき》んぜんと欲すれば、必ず身を以《も》ってこれに後《おく》る」（『老子道徳経』第六十六章）という老子の言葉がある。

人の上に立とうと思うならば、言葉を慎み、人の先に立とうと思うなら、必ず自分の身を後にしなければならないという教えである。無為をもって道を定める道教ならではの考え方ではあるが、人を先導するためには、人の後からついていき、人の上に立つには謙虚であらねばならないという、一見逆説的なリーダーシップ観を示している。

しんがりのリーダーシップは、「サーバント・リーダーシップ」の考え方につながっていく。

## リーダーとしてのサーバント

「リーダーとしてのサーバント（執事・従者）」というユニークな概念を中核にして、新しいリーダーシップの実践哲学を提唱したのが、ロバート・グリーンリーフである。[2] さあ皆さん、お待ちかね。わが国で特に人気のある「サーバント・リーダーシップ」の登場だ。

他者に指示命令をし、自らが強い影響力を持ち、率先垂範していくというリーダーシップの伝統的なイメージとは真逆のものがサーバント・リーダーシップである。

リーダー自らが部下や周りの人に奉仕し、他者の自律的成長を促していくという、およそリーダーには似つかわしくないイメージなので、自己矛盾しているようにも感じられる。だからこそパラダイムの転換であり、リーダーシップの新機軸となりえたのである。

サーバント・リーダーとは、そもそも奉仕者であり、他者の欲求や願望や利益を自分のことよりも優先するリーダーである。[3]

執事や従者が主人に尽くすように、サーバント・リーダーは、人々が自らの能力を最大限に発揮し、一人前の人物として成長していくよう奉仕する。その恩恵を受けた人々が、より自由に、賢く、自律的に成長していく中で、健全な態度や行動から生まれた心の平安と充実さに気づき、やがて自らも周りの人のサーバントとなっていく。

執事という職業が定着していないわが国でも、「執事といえばセバスチャン」という説[4] がしっかりと定着している。知らんけど。

『アルプスの少女ハイジ』（高畑勲監督作品）や『ちびまる子ちゃん』（さくらももこ作）や『黒執事』（枢やな作）に出てくる世話係は、みなセバスチャンだ。あらゆることを完璧にこなして、主人に尽くすことのできる人物。

これこそ究極の「おもてなし」だ。裏がなければもっといい。

グリーンリーフが引き合いに出すのは、ヘルマン・ヘッセ著『東方巡礼』に出てくる従者《サーバント》レーオである。

一人称で語られる主人公（僕）は、鉄道や汽船や自動車などを一切使わない東方への旅を行う結社の一員に選ばれ、旅の世話をする若い従者レーオとともに、試練を伴う東方巡礼の旅に出る。東方への旅の途中でレーオが突然姿を消すと、恐ろしく価値のある品物がレーオとともになくなったとみんなが騒ぎ立て、旅の集団は分裂し離散してしまうのだった。

結社の掟を破り、失意の下で故郷に戻った主人公は、レーオを探し当て再会する。結社の集会に呼び立てられ、脱走の罪を問われた主人公が、その場で、結社の盟主が従者のレーオであったことを知るという物語である。

グリーンリーフの着想とは裏腹に、『東方巡礼』のモチーフはサーバント・リーダーシップではない。ただ、従者が盟主であったというそれだけの話である。グリーンリーフの思い込みが深くて、拡大された解釈には少しがっかりだ。

ただし、なぜサーバントでありながらリーダーであるのかについて、1つの示唆が与えられているから、ご安心を。

レーオはこう語る。

> 「母親たちも同じでしょう。子どもを生み、乳をあげ、その美しさも力もみんな与えてしまうと、自分自身は影が薄くなってしまう。（中略）奉仕の法則です。長く生きたいものは奉仕しなければなりません。支配しようとするものは長く生きることはありません」[5]

男性的色彩の濃い通常のリーダーシップに対して、サーバント・リーダーは母性的である。奉仕をするのが務めであり、人を支配し命令することを考えてはいない。

リーダーに求められる「利他の精神」といえば格好いいかもしれないが、そもそも人を上から見下ろして、全体を仕切っていくボス的なリーダーシップとは相容れない。

驚くようなことではないが、ヘルマン・ヘッセの東洋的ともいえる考え方には、孔子と並ぶ古代中国の偉大な哲人、老子が大きな影響を与えている。

『老子道徳経』第十七章には、「太上《たいじょう》は下《しも》これ有るを知るのみ。その次は親しみてこれを誉《ほ》む。その次はこれを畏《おそ》る。その次はこれを侮《あなど》る」という節がある。

解説すれば、「最も優れた君主は、人々がただその存在を知るだけである。その次の君主は人々に人気があり、褒めたたえられる。その次は人々に恐れられる。その次は人々から軽蔑される」ということである。

最高のリーダーとは何か？

道教（老子）が教えるところでは、周りがリーダーになんの忖度もせず、自由に自律的に活動しているがために、リーダーの存在が薄いことである。どこの組織にもいる「無能の人」というのでは困るが、人気があったり、恐れられたりする人よりは、影が薄いリーダーこそが上等なのである。

## サーバント・リーダーシップの７つの要素

なるほど、サーバント・リーダーは東洋的な考え方で、われわれに合っている。そんな気がする。コンセプトのレベルでは、一応納得できた。

表12-1は、サーバント・リーダーシップを扱ってきた3つのアプローチ[6]を比較したものである。中身が似ていれば、ラベルに違いがあって

| 主唱者 | サーバント・リーダーシップの要素 | | | | | | |
|---|---|---|---|---|---|---|---|
| | 感情的癒し | 組織的奉仕 | 未来への知恵 | エンパワーメント | 部下の成長・成功の支援 | 利他的使命感 | 倫理的行動 |
| Barbuto and Wheeler (2006) | 感情的癒し | 組織的執事 | 知恵 | ― | ― | 利他的使命感 | ― |
| Ehrhart (2004) | 部下との関係構築 | 組織外部者のための価値創造 | コンセプチャル・スキル | エンパワーメント | 部下の成長・成功の支援 | 部下第一 | 倫理的行動 |
| Liden et al. (2008) | 感情的癒し | コミュニティの価値創造 | コンセプチャル・スキル | エンパワーメント | 部下の成長・成功の支援 | 部下第一 | 倫理的行動 |

表12-1　サーバント・リーダーシップの次元

も、ひとまとめにしている。この図から、サーバント・リーダーシップを、いったいどのようにブレークダウンしていけばよいのかがわかる。

サーバント・リーダーシップというのは、東洋の影響を大きく受けていて、周りに奉仕するイメージは共通している。いざ測ろうとすれば7つの要素がある。

第1は「感情的癒し」である。この要素は、リーダーがフォロワーの個人的なことに気を配ったり思いやりを示したりして、質の高い人間関係を作るとともに、フォロワーがトラウマや精神的苦痛から回復できるよう、積極的に働きかけることを指す。

第2の「組織的奉仕」とは、従業員と組織全体が、社会やコミュニティに奉仕していくよう、リーダーが働きかけていくことを指す。企業の社会的責任（CSR）を進めて、地域や社会のために積極的に献身するかかわり方だ。

第3の「未来への知恵」とは、次代を見据えて、リーダーがフォロワーと一緒になって、未来のビジョンとプランを共に作り上げていくことを意味している。

第4の「エンパワーメント」とは、フォロワーが自ら進んで問題解決するよう励ましたり、勇気を与えることをいう。

第5の「部下の成長・成功の支援」とは、メンタリングとサポートを通じて、他者のキャリア上の成長・発達に対して、偽りでない正真正銘の関心を示すことを指す。

第6の「利他的使命感」とは、フォロワーの活躍と成長を第一に考え、それに尽くしたいという自然な気持ち、フォロワーのために自分の利益を犠牲にする精神をいう。利他性や奉仕の精神を映し出しているので、サーバント・リーダーシップの最もサーバントらしい特徴を示している。

最後に、第7の「倫理的行動」とは、会社都合に流されることなく、正しい倫理観に従って行動し、フォロワーと率直・公正・誠実にやり取りすることを意味する。会社や組織の不祥事が続く世の中では、いっそう大切に感じられる要素だ。

なるほど、ラッキーセブン。文句なしだ。東洋では、末広がりで「八」のほうが、縁起が良いけれど。

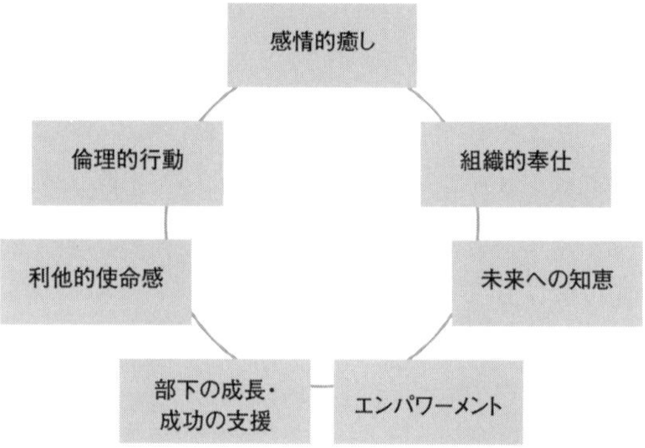


図12-2　サーバント・リーダーシップの7要素

## 日本版サーバント・リーダーシップの測定

サーバント・リーダーシップの7つの要素について、データに基づいて確認してみよう。筆者らが作成したサーバント・リーダーシップの測定尺度がワーキングペーパーにまとめられている。[7]

データは、神戸大学のMBAプログラムに通うビジネスパーソンと、民間企業の管理職と公務員からなる201名から得られたものである。ちなみに、回答者の属性は男性が89.1％で、女性が10.4％。平均勤続年数は15.6年である。従業員1000人以上の大企業に勤める人が58.2％であり、管理職・役職に就いている人の割合が82.6％となっている。

さすがはMBA生で、大企業の管理職が多数を占めている。だから、ここでの結果は、大企業の管理職が感じているサーバント・リーダーシップのイメージを代表していると考えてよい。

7要素28項目についてビジネスパーソンから得たデータについて、最小二乗法による探索的因子分析（EFA）を行った。結果は、表12-2に示したように、1つの因子にまとまる構造を示した。項目の重みは、因子負荷量（$\lambda$）で示されている。

この調査の回答者は、大企業の管理職を中心にしているから、リーダーシップを発揮するポジションにいる人も多いし、MBAの授業でサーバン

| 要素名 | 質問項目 | 平均 (m) | 標準偏差 (s.d.) | 因子負荷量 (λ) |
|---|---|---|---|---|
| 感情的癒し (α=.75) | 1. 部下の精神的悩みを癒すことができる | 3.28 | .83 | .56 |
| | 2. 職場内外で部下の幸せに気を配っている | 3.68 | .82 | .64 |
| | 3. 職場内に仲間意識を醸成している | 3.90 | .75 | .52 |
| | 4. 時間をかけて、部下との間に質の高い人間関係を構築している | 3.48 | .81 | .65 |
| 組織的奉仕 (α=.67) | 5. 共同募金や寄付をよくしている | 2.78 | 1.21 | .27 |
| | 6. 地域で行われるイベントやお祭りに、家族や友人を誘ってよく参加している | 2.55 | 1.19 | .36 |
| | 7. 職場外のボランティア活動や地域活動に参加するよう部下を励ましている | 2.11 | .98 | .38 |
| | 8. 地域貢献の大切さを強調している | 2.56 | 1.06 | .44 |
| 未来への知恵 (α=.60) | 9. 会社の将来像について、部下と膝をつき合わせて議論している | 3.09 | 1.03 | .37 |
| | 10. 次世代の社会がどうなるのか、部下と一緒に語り合っている | 2.92 | 1.09 | .39 |
| | 11. 日々の業務と将来の方向性のバランスをとっている | 3.58 | .80 | .35 |
| | 12. 幅広い知識と意欲をもって仕事上の問題解決にあたっている | 3.91 | .82 | .40 |
| エンパワーメント (α=.58) | 13. 仕事に関する重要な意思決定を行う権限を部下に与えている | 3.02 | .93 | .54 |
| | 14. 事前に相談しなくても、仕事上で重要な意思決定を自ら行うよう部下を励ましている | 3.02 | .94 | .31 |
| | 15. 部下の貢献が、私の意思決定に影響を及ぼしている | 3.66 | .81 | .48 |
| | 16. 重要な意思決定事項について、部下とコンセンサスを得るために努力している | 3.89 | .78 | .46 |
| 部下の成長・成功の支援 (α=.58) | 17. 部下が仕事上でよい働きをしてくれるのを辛抱強く待つことができる | 3.31 | .89 | .38 |
| | 18. 部下が自分を超えて成長・成功することを心から喜べる | 3.83 | .84 | .57 |
| | 19. 部下の職場外の立場に配慮している | 3.33 | .94 | .46 |
| | 20. 部下の個人的成長を最優先に考えている | 3.43 | .83 | .67 |
| 利他的使命感 (α=.71) | 21. 部下の仕事をやりやすくするために、できることはすべてやっている | 3.58 | .87 | .51 |
| | 22. 自分自身を犠牲にしてまで、部下のことを考えている | 2.99 | .83 | .60 |
| | 23. 部下が、私のためでなく、ともに仕事を成し遂げているという感覚をもつことができる | 3.96 | .81 | .54 |
| | 24. 部下がもっとも活躍できるよう一生懸命支援している | 3.72 | .75 | .66 |
| 倫理的行動 (α=.55) | 25. 上の人に対しても、悪いことは悪いと言える | 3.85 | 1.01 | .40 |
| | 26. 儲けを出すよりも、正しい考えを曲げないことを大切にしている | 3.59 | .92 | .30 |
| | 27. 部下に高い倫理観を求めている | 3.69 | .93 | .42 |
| | 28. 約束したことを必ず実行する | 4.00 | .70 | .47 |

表12-2　日本版サーバント・リーダーシップ

ト・リーダーシップについても学んでいる。それなのに、細かな要素をはっきりとは区別していなかったのである。

な、なんということか。インド人もビックリ。インド人でなくてもビックリ。

サーバント・リーダーシップの文献のまとめからは、7つの要素が考えられているが、やはりどこかで、理論と実際が異なっている。利他的で育成的なリーダーシップの姿は、実際のデータに照らしてみれば、全体で1つにまとまっている。だから、7つの要素全部で1つの尺度と考えるのがよい。28の質問をして測れるものは、リーダーがサーバント的である程度のたった1つ。

サーバントらしいリーダーシップなのだから、やれ癒しだ、やれ奉仕だ、やれ利他だと、いろいろなポイントに目が移ってしまう。しかし、あれこれこだわらずに、細かな点には目をつぶって、リーダーのサーバント度を総合的に判定するのがよいというのが 本書の結論である。ちなみに、28項目からなる尺度の内的一貫性信頼性は $\alpha = 0.881$ であり、きわめて高い信頼性を示している。

東洋人の認知スタイルでは、総合的に評価する傾向が強い。日本人のものの見方として、要素に分けて細かに理解するより、1つのまとまりとして、全体的に評価するほうが自然である。サーバント・リーダーシップの評価でも、7つの要素を見分けることより、全体像を捉えるほうが、当てはまりがよかった。

そうはいっても、せっかく7つの要素を考えたのだから、分けて評価したくもなる。スマートで頭が切れる知性派であれば、要素をそれぞれ分けたくなるものだ。

要素名の下のカッコ内には、各要素の内的一貫性信頼性係数（$\alpha$ 係数）が示されている。この係数を見れば、7つの要素は0.55～0.75の間の信頼性を示している。信頼性係数が中程度に高いので、各要素がそこそこ使える尺度になっている。

職場において、管理職のサーバント・リーダーシップを評価して、本人に助言しようとすれば、伝えられる内容や行動項目が多いほうがよい。具体的な行動に落とし込んでフィードバックしていかなければ、行動修正には役立たないからである。だから、1因子の集計結果を総合判定として使うことに加えて、7つの要素を分けて集計し、サーバント・リーダーシップの個別の要素を育成するためにも活用したい。

## リーダーシップをシェアリングする

話を戻そう。

図12-1でBを選んだ人はいますか？

選んだ人はそれほど多くないかもしれませんが、どうしてBを選んだのでしょうか？

図を見れば、集団の真ん中には数人のビジネスパーソンが集まっている。だから、Bを選んだ理由として、グループの中心にいるからというのがあるだろう。輪の中心にいて盛り上げていく存在として自分を捉えて、このポジションを選んだわけだ。また、「出る杭は打たれる」ので、おとなしく目立たないようにしていること。飛び抜けることや目立つことを嫌がる中庸の精神があるかもしれない。

先頭に立ったり、しんがりを務めたり、メンバーから離れた立場をとるのは、そもそもリーダーっぽい。メンバーから一歩離れて、一段高い位置からチームを導いたり、一段低い位置で支えたりできるのがリーダーというものだ。

一方、メンバーの輪の中心にいて影響力を発揮するというのは、周りに溶け込んで力を合わせるという意味で、リーダーシップをシェアリング（共有）しているといえる。

軍隊のように規律と指示命令系統で特徴づけられる組織ではなく、仲の良いメンバー同士のようなグループであれば、リーダーシップは1人だけが示すものではない。何人かがお互いに、場面ごとに、リーダーシップを取り合うということが起こる。それはシェアド・リーダーシップと呼ばれている。

シェアド・リーダーシップとは、リーダーシップの役割と影響力がチームメンバーに分け持たれていることを意味する。[8) ]たいていは、メンバー同士で起こるインフォーマルなリーダーシップの振り分けであり、代わりばんこにリーダーの役割を取ったり、自分の得意な部分を生かして、リーダーの働きや機能を受け持つことでもある。

シェアド・リーダーシップには、3つのカギとなる要素がある。①リーダーの役割と影響力が、チームメンバーに分散していること、②上下関係ではなく、対等の立場にある仲間同士が、水平の影響を与え合うこと、③リーダー個人の特性ではなく、リーダーシップが自然に発生してくるグループの特性であることだ。[9)]

インターネットを通して、空き部屋を使って個人が民泊サービスを提供するAirbnbや、自家用車で配車サービスをするUberなど、シェアリングエコノミーが普及している。そんな現代では、リーダーシップがシェアリングされるというのは、なるほど、時代感覚にマッチしている。

スマホでリーダーシップをシェアできるサービスはまだできていない。だから、スマホに頼らず、別の形でリーダーシップをシェアリングしなければならないだろう。

たとえば、ニューヨークにあるオルフェウス室内管弦楽団には、シェアド・リーダーシップの究極の形が見られている。[10)]同楽団がよく知られているのは、その演奏のクオリティと並んで、指揮者がいないことだ。

管弦楽団で指揮者がいないというのは、きわめて異例のことである。新しく入ったメンバーであれば、指揮者不在というのは、ビックリ仰天。

指揮者の代わりに、奏者全員が討議を重ねて、演奏全体の方向性やリハーサルの計画を決める。全員がパート譜をすべて覚え、練習を重ねていく姿というのは、カオス（無秩序）に近いという。

弦楽四重奏などの少人数での演奏と比べると、30名を超える大人数の室内管弦楽では、演奏についての合意の取り方が、ケタ外れにややこしくなる。気にかけておかなければならない演奏パートが、その分だけたくさんになる。

「そのパートが気に食わない」とか、「こんなふうに演奏してくれ」とか、お互いに注文をつけ合うから、傍から見れば、空中分解寸前である。

音楽の本質は調和にある。それを表現するのが真の音楽家だ。『のだめカンタービレ』（二ノ宮知子作）に出てくるトマ・シモンの声が聞こえてきそうだ。

全員が指揮者と同じ権限と責任を持ち、討議を繰り返して曲を完成させるプロセスでは、初期の喧騒が徐々に合意形成に至り、初めは無であったものが１つの曲として形を成していく。グループ全体として、かけがえのない曲作りの体験を得ることができるという。

シェアリングやコミュニティという言葉は、新しい価値観とニューパワーの特長を示している。[11] 指示命令や率先垂範を常とする伝統的なリーダーシップは、オールドパワーに属している。トップダウンは古いリーダーシップのあり方であり、上下関係に依拠した伝統的なマインドセットの下では、真の意味でのシェアリングは起こらないだろう。

シェアリングを重視するニューパワーの下では、水平的な横のつながりによってお互いに影響を与え合う。それが、新しい形の現代的なリーダーシップを予感させる。

## シェアド・リーダーシップでシラケ撲滅

グループの中でリーダーシップがシェアリングされると、リーダーシップは個人を離れて、グループの特性となる。これまでは、リーダーシップというのはあくまで個人の能力や資質だったから、リーダーシップが共有されるというのは、まだまだ珍しいことでもある。

おもしろいことに、リーダーシップが特に強調されてこなかったわが国では、自然な役割分担ができていた。

松下電器産業を興した松下幸之助には高橋荒太郎が、本田技研工業を興した本田宗一郎には藤澤武夫が、ソニーを興した盛田昭夫と井深大の名コンビなど、わが国の復興の礎を築いた組織には、リーダーシップの自然な共有があった。[12]

がんこ親父のそばには、気が利く女房役がいる。技術一辺倒で突っ走る創業者の影には、そろばんを上手に握っている番頭がいる。リーダーはオンリーワンと決め込むのではなく、リーダーシップの役割分担が自然になされていることが、企業の成長の礎をなす。

リーダーシップが不毛の国には、リーダーシップの共有という知恵がある。それが東洋のリーダーシップの本当のあり方なのかもしれない。

リーダーシップをシェアリングすることは、グループ全体で見れば、チームと仕事へのコミットメントを高めることができる。[13] 1人でリーダーシップを発揮するよりも、多数でリーダーシップを共有することのほうが、メンバーから高いコミットメントを引き出すことができる。

組織に必要な求心力として、何かとコミットメントが話題に上る。組織の目標や価値観を受け入れて、組織と一体感を持ち、組織のために働きたいと思う愛着のようなものを、組織コミットメントと呼んでいる。[14] 学者のように、概念にこだわって定義するのでなければ、今流行のエンゲージメントと言い換えてもよい。

つまり、コミットメントやエンゲージメントは、組織の競争力を生み出す源なのである。

やれコミットメントだ、やれエンゲージメントだと、流行のバズワードを口にして、訳知り顔で語る学究肌のビジネスパーソンがいる。そんな人たちのパワーに圧倒されて、きょとんとしている人なら、愛社精神や愛着といった和語を使ってもいい。わかりやすいのが大事だ。

それでも今どきの若者には、ピンとこないかもしれない。ゆとり世代やさとり世代であれば、どうも古めかしくて、カビ臭く感じる。ワークライフ・バランスやイクメン、家事メンに関心がある人であれば、会社から距離を置くことはあっても、会社人間のような価値観は受け入れられないし、そんな生き方は、「社畜」として忌み嫌われることもある。

コミットメントが高いというのは、どういうこと？　一体感とか愛着とかが高いと、職場はどうなるの？

一言で言い表すのは簡単ではないが、コミットメントが高いということは、裏を返せば、職場がシラケていないということでもある。

職場にシラケが蔓延していると、その組織は活性化しない。湿気った焚き木のように、焚きつけても燃え上がることはない。新たな上司が来れば、おとなしくして様子見を決め込んだり、気の合わない上司に面従腹背するようであれば、もう職場には、シラケがカビのように広がっている。

シラケは伝染する。インフルエンザのように、1人がかかっていると周りにうつる。シラケを撲滅することはリーダーの責務だし、活力のある職場には欠かせない条件である。それはあたかも、職場の公衆衛生のようなものだ。

では、シラケを撲滅するためにはどうするか？

それには、シラケのイメージトレーニング（イメトレ）をするのがよい。[15] 新しいことを始めようとすれば、また、活気のある組織文化を作っていこうと思えば、誰がどうしてシラケているのか、それをしっかりと頭にイメージしておくのがよい。ただやみくもに周りに焚きつけても、冷めた職場ではうまく事が進まないからだ。

リーダーに任命されていろいろ勉強し、リーダーシップについて探求していこうとすれば、仕事もできて対人応対もうまくて、おまけに優れたビジョンを描ける、そんな理想像をついつい追い求めようとしてしまう。

しかし、そんなリーダーは周りにはいないし、自分がそうなりたいと思っても、目標となる人物像が思い浮かばないので、空振りする。

若いときから長い時間をかけて、リーダーシップ経験を積んできた人でなければ、周りの冷めた視線に幻滅し、シラケてしまうのがオチだ。ミイラ取りがミイラになってしまうのでは、笑えない（笑）。

そんなときには、1人でリーダーシップの全責任を負おうと頑張らないことだ。任命されてリーダーの立場に立った人であれば、リーダーシップを明け渡すというのは、責任放棄のような感じがして、勇気が要ることかもしれない。でも、大丈夫。

自分ができることを、自分なりのやり方で果たしていくのも、リーダーシップである。足りないところは、恥ずかしがらずに、誰かに代わってもらおう。

「人は誰もがリーダーである」と、Mr.ラグビーと呼ばれた平尾誠二は語った。[16] だから、自信を持って、自分のやり方でリーダーシップを示そう。みんながリーダーシップを発揮し始めると、職場のいろいろな場所でワイガヤが起こる。しまいには、誰がリーダーなのか、誰が旗を振っているのかがわからなくなっている。

1人よりは2人、3人と、リーダーシップを分担する人が増えれば、シラケは蔓延することはない。誰もが自分らしい旗を振れるリーダーシップづくりこそが、職場づくりの要諦である。

そこここで、大きさの違う大小の旗がはためいている。ワールドカップのスタジアムのような、そんな職場を理想に掲げよう。

ソマリア出身のラッパー、ケイナーンが歌う『Wavin' Flag』(2010年FIFAワールドカップ南アフリカ大会主題歌)のパーカッションのリズムに乗って、自分の旗を振る。

Now wave your flag.
(さあ、あなたの旗を振ろう)

## リーダーシップは組織の成長とともに

本章で取り上げてきたリーダーシップは三様である。人の先導を切って率先垂範する伝統的なリーダー、周りと一緒になってチームを盛り上げるシェアド・リーダー、執事のように周りに奉仕するサーバント・リーダー。

ファッションのように、自分の好みと感覚に合った3種類のスタイルがある。

「社員が100人だったとき、私は社員の一番前に立ち、将軍のように自ら先頭で命令を下さなければならなかった。社員が1000人になったとき、私は社員の真ん中に立ち、社員と心を通わせ、会社の発展のために力を尽くさなければならなかった。社員が1万人に達した今、私は社員の後ろに立って、感謝の心を持っていればいい」[17]

そう語るのは、アリババグループ（阿里巴巴集団）元会長のジャック・マー（馬雲）である。英語教師から、裸一貫で、世界有数のネットショッピングサイト「アリババ（阿里巴巴）」や中国国内向けサイト「タオバオ（淘宝網）」、電子決済システム「アリペイ（支付宝）」などを作り上げてきた伝説の経営者だ。

アリババグループは、ハーバード・ビジネススクール（HBS）のケースとして、2回も取り上げられるほど、eコマースにおける影響力が大きい。ジャック本人も、フォーブス誌の「世界で最も影響力のある人物」、フォーチュン誌の「世界で最も偉大な50人のリーダー」の1人に選ばれている。

ジャック・マーといえば、小柄で童顔で、お世辞にもハンサムとはいえない。しかし、ひとたび壇上に姿を表せば、その口からよどみなくあふれ出る壮大なビジョンと使命感に、何度も驚かされる。これほどまで落差を感じさせるリーダーもそういない。

リーダーシップの取り方は、アメリカの学説に従えば、個人の特徴であり、組織の違いではない。だから、人はそれぞれ経験の蓄積を通して、自分らしいリーダーシップを発揮する仕方を身につけていく。ワインのように熟成するものと想定している。

組織の発展の一挙手一投足を眺めてきた創業者であれば、違う見方をするものだ。リーダーシップは組織の成長と共にある。組織の成長段階とともに、とるべきリーダーシップが違ってくる。

ジャック・マーの考えに照らしてみれば、創業期は自ら率先垂範し、成長期にはリーダーシップを共有し、円熟期には後方支援するのがよい。

戦略的リーダーシップと聞けば、管理職に戦略論を身につけさせるのが定番である。一方、リーダーシップ戦略となれば、組織と事業の発展とともに、戦略的にリーダーシップを変えていくことである。似ているけれど、やはり違う。

誰がリーダーか？　本章の冒頭のクイズの答えが、そろそろ明らかになっただろう。誰もがリーダーであり、それぞれに適した登場場面がある。

だから、みんなが同じ顔をして、理想のリーダーシップを追い求めるのではなく、組織の成長とともに、リーダーシップを戦略的に変えていこう。そして、1人ひとりにふさわしい登場の出番を用意しよう。

それが、強い組織に発展するための方程式なのである。

chapter 13

# 日本型リーダーシップの本質を見抜く

## 組織の中で名文を読む

夏目漱石の小説『草枕』の冒頭は、こうある。

「山路を登りながら、こう考えた。智に働けば角が立つ。情に棹させば流される。意地を通せば窮屈だ。とかくに人の世は住みにくい」

教科書にも登場する名文だから、必ず一度は聞いたことがあるはずだ。では、組織の中で生きるわれわれにとって、この名文が意味するところは何か？

「とかくに人の世は住みにくい」という最後のフレーズが耳に残り、会社生活の生きにくさを照射しているように感じられる。コロナに負けずに慎ましく暮らしている私たちの気持ちを代弁している。いやいや、そうじゃない。

作家山本七平の解説を参考にすれば、「物事というのは、理性で片づけると対立する。感情を出してしまえばあらぬ方に流される。意志を貫けば偏屈に思われる。集団というのはやりにくいものなのだ」[1] ということらしい。理性も感情も意志も、組織の中では、三拍子揃って、とかくやっかいなものだ。

しかし、何か違和感が残る。まだまだ釈然としない。今朝食べたアジの干物の小骨が喉元に引っかかったようで、居心地が良くない。

ビジネスの考え方からすれば、まったくのあべこべである。知性派ビジネスパーソンであれば、反対に、きっとこう考えるはずだ。

「物事を理性的に考えないから対立する。自分の感情を押し殺して、黙ってしまう人だから、変な方向に進んでしまう。自己の意志を貫けないから肩身が狭くなるのだ」

理性を張らず、感情に流されず、意志を無理強いしない。この漱石の考え方は、漱石が生きた時代の近代合理主義の精神には合わない。また、現代のビジネス社会に貫かれている理性主義ともフィットしない。

なのに不思議と、今でもこの名文は、われわれに強く訴えかけてくる。国語の教科書で読んだことしかなくても、われわれの内面にじーんと染み込んでくるのは、どこか共感することがあるからだ。

感情と理性の絶え間ない勢力争い。それはリーダーシップを考え直すキーワードである。ダニエル・カーネマンのいうシステム１とシステム２の対比や、エレーヌ・フォックスのいう楽観脳（お天気脳）と悲観脳（雨降り脳）を思い起こしてほしい。それはマーカス・バッキンガムが描写したマネジャーとリーダーのものの見方にもつながっている。

先行きが不透明な時代に、「自ら課題を発見し、その解決に向けて探求」することが、今は学生に求められている。[2] 文部科学省が出した入試改革のための「高大接続改革実行プラン」では、知識と技能を問う学力だけでなく、この資質を入試で評価すべきだと指摘している。

問題解決型の秀才より、問題発見型の異才。それが求められる時代だ。だから「入試でも、リーダーシップとマネジメントの能力を評価すべきだ」と、そんなふうに読み取れる（読めへん、読めへん）。

社会に出て働いた経験がない人にも、現状を打破するリーダーシップが求められる時代だ！　では、豊かなリーダーシップ経験もない高校生や大学生が、入試や就職活動の面接でリーダーシップが問われたら、どうすればよいのか？

## リーダーシップ・ブレイン・モデル再論

ヒントとなるのは、第７章で取り上げたリーダーシップ・ブレイン・モデルである。もう一度、４つのリーダーシップを思い出してみよう。

第１は「業務遂行型リーダーシップ」である。目標設定や計画立案や管理監督など、目標達成や成果の確保のために、仕事の面で周囲に影響を与える行動を指す。日常業務をきちんとマネジメントしていくのがリーダーの役目であれば、メンバーに適切な仕事を割り当て、報告と指導助言を行い、メンバーの仕事を管理監督することは必須事項だ。

第２は「チームワーク型リーダーシップ」である。良くても悪くても、チームや部門全体の結果に責任を持つのが、リーダーの務めである。部門の目標にはメンバー全員でアプローチをするのであって、バラバラな個人の集まりでは、力が集中しない。

また、自分がやったほうがうまくできることはわかっていても、メンバーに権限を与えて仕事を完遂させ、経験を積ませていかなければ、チームとしてのパフォーマンスには至らない。そのためにリーダーがとるべきチームワークや動機づけや、メンバー１人ひとりへの配慮などを意味している。

第３は「ビジョン型リーダーシップ」である。リーダーには、業務面と対人面の働きかけだけでなく、組織の変革と革新が求められている。だから、メンバーの面倒を見るだけでなく、自らが部門やチームのビジョンを語り、リスクテーキングを行い、そのために経営トップやステークホルダーに対して交渉力を発揮することが必要だ。

ここまでは、リーダーシップ論の権威者の１人、ニューヨーク州立大学オールバニー校のゲイリー・ユクルが指摘したリーダーシップの三要素と同じだ。[3) ]ある意味で普遍的なリーダーシップ論である。

しかし、リーダーシップを日本流に手直ししようとしたら、どうしても足りないものがある。そう、「育成型リーダーシップ」だ。アメリカでまとめられた普遍的リーダーシップに足りない部分を埋めていくために、製造現場をちょっとのぞいてみて、管理監督者の立場で考えてみよう。

## 現場力とリーダーシップ

製造現場の管理監督者に求められる役割は、「現場力」を向上させていくことだといわれている。コンサルタントの遠藤功によれば、「現場力」というのは、卓越したオペレーションを構築する組織能力と定義されている。[4)]

欧米のビジネススクールで、高い学費を払ってMBAの学位を修得した方には心苦しいが、グローバル化が進んだ現在では、ビジョンや戦略で競争優位をもたらすのは難しい。独自の戦略やビジョンといったものは、決して学校では教えてくれない。ハーバード・ビジネススクール（HBS）であっても、ウォートンスクール（ペンシルベニア大学）であっても、望み薄だ。

だから、アリババグループ元会長のジャック・マーが言うように、「ビジネススクールで学んだことをすべて忘れなければならない。ビジネススクールは知識を提供するが、業を興すには知恵が要る。経験によって培われた知恵が」。[5)]

戦略やビジョンが弱い日本企業であればどうするか？

現場力を信奉すれば、ビジョンや戦略が似通っていても、それを実行する現場の能力が勝っていることで、競争に打ち勝つことができる。なまじ戦略は要らない。

最高のオペレーションをもたらすためには、仕事の基本――安全・品質・先産性・原価――が徹底されること。それに加えて、職場に人材育成を促すような、お互いに教え・教えられる風土があることが肝心である。

製造現場の管理監督者に目線を合わせれば、リーダーシップと聞いて、まず初めに思い浮かぶのは、部下育成の仕組み作りや、きめ細かな指導と面倒見だろう。

職務遂行とチームワークとビジョンという先の3つに加えて、リーダーシップの第4の要素は、人材育成である。「育成型リーダーシップ」と呼んでいる。

ただし、1世紀を超えるリーダーシップ研究の成果を踏まえたとしても、人材育成というのは、リーダーシップ理論としてあまり注目されてこなかった。ここに、リーダーシップの盲点がある。

アメリカを中心としたリーダーシップ研究では、周囲に影響力を発揮する方法といえば、自らが説得や交渉や目標の設定を行って、相手を思いどおりに操っていくことにある。部下本人のためを思って、能力開発や育成を行うというのは、どうも遠回りだ。能力が高く、頭の回転も速くて、せっかちな欧米のエリートマネジャーであれば、人材育成なんてまどろっこしくて仕方がない。

そして、育成というのは、本人が自分で進んで職務経験を積み、自分の責任で開発していくものだと思われている。アメリカの優良企業は人材育成にも熱心で、多額の費用を払って有名なビジネススクールや外部の研修機関とタイアップしている。それは社員のためというより、キャリアがうまくいかなくなったときの、自分のためだ。

リーダーシップの国アメリカの文化背景には、そもそも日本流の考え方とズレがある。

## 組織論を好む国

2011年3月の東日本大震災は、東北地方に多くの傷跡を残した。その後、毎年のように、台風と豪雨による災害が全国を襲っている。東京一極集中の影響で地方自治の力が弱まり、被災地の行政や公益企業の対応力の弱さが浮き彫りになったり、被災地を取材する在京メディアの当事者意識の低さなどが、さまざまな不満を生んだ。

2020年には、コロナ禍が全世界を襲い、人命と経済の両面でわが国にも大きな被害をもたらした。大震災からの復興をアピールするはずの東京オリンピック・パラリンピックが延期され、責任を曖昧にした自粛要請によって、首都圏を含む地域経済に大きな打撃を与えた。

政府に対する信頼感のなさはもとより、ただ批判を繰り返すことに安住してきた野党に対する信頼感のなさも、不信の連鎖につながっている。国民の生活には、先行きに対する不安ばかりが呼び起こされる。

わが国を覆っている不透明感、なんとはなしの不安。それらが呼び水になって、75年の時を超え、大日本帝国陸海軍の6つの失敗策——ノモンハン事件、ミッドウェー海戦、ガダルカナル作戦、インパール作戦、レイテ沖海戦、沖縄戦——を論じた『失敗の本質』[6]が、ベストセラーになるという現象が起きた。大戦で犠牲になった多くの国民の亡霊が、乗り移ったかのように。

大災害とコロナ禍と日本軍の失敗。そこに共通するのは、高い能力と責任感を持つ個人を擁していながら、全体として目標を完遂できない組織の問題である。個々の日本人は、素晴らしい能力と責任感を持って任務を遂行するが、組織が大きくなると、上位組織と下位組織の意向が食い違ったり、組織間の連携ができなくなって、硬直さと無責任をもたらす。

「連帯責任」という奇妙な論理によって、1人の責任はみんなの責任であり、みんなの責任は誰の責任でもないという、モラルの欠如が露呈する。

個人と集団との間に、責任の帰属にズレが生まれてくる。JR西日本福知山線の脱線事故や、東京電力福島第一原発の水蒸気爆発事故など、組織が引き起こした大事故は、その責任主体が曖昧になり、罪に問われることはない。組織が不祥事を起こしたときに、決まってネットをにぎわすお詫び会見でも、世間を騒がせたことに対する謝罪はあっても、経営トップが不祥事の責任をはっきりと取るケースは少ない。後から辞任に追い込まれるというのが、聞き慣れた筋書きだ。

「責任感は強いが、責任を取らない日本人」の性格が、組織の上層にも見事に表れている。テレワークが推奨されても、ウェブミーティングが主流になっても、毎日きちんと出社して、真面目に働く多くの社会人。自分の仕事を正確に間違いなく果たそうとする1人ひとりの責任感は強い。

その半面、何か不祥事やトラブルがあれば、その結果として生まれる責めや償いを負いたがらない。政治家の出処進退は自ら決めるという言葉も、むなしく響く。

責任と責任感。他の国では、どちらも同じことを意味しているのに、わが国では、責任という文字に「感」の一文字が付くことで、違うことを指している。

良くも悪くも、わが国では組織論が好まれる。組織の論理が優先されるから、組織の論理をどうしても知りたくなる。組織のために個人が犠牲になったとしても仕方がないと、割り切ってしまうこともある。

# MeToo や WikiLeaks などで、世間で怪文書と呼ばれる情報をリークし、内部告発として声を上げた勇気ある一握りの個人を、面倒くさい人とか、組織に歯向かう変人とか、すでに組織を離れた一般ピープルとして、黙殺する雰囲気がある。

「組織防衛」という言葉があるとおり、組織も自己保身に走る。組織は生物ではないのに、自らの身を守るという不思議な習性だ。組織全体を揺るがすような失敗や不都合が明らかになると、不都合な真実を隠して偽の報告をしたり、解釈を変えて問題がなかったように考えたり、後から追及できないように早々に幕引きを図ったりする。

しかし、東日本大震災が大きな転換点となって、わが国の国民は、電力会社や政党といった旧来の組織に幻滅を感じた。選ばれた一握りの人々が独占してきた組織のオールドパワーに失望した。

だから、群れを飛び出した一匹狼に共感する。

金融機関の裏側をえぐり出し、組織の悪に敢然と立ち向かっていく一匹狼のヒーロー『半沢直樹』(TBS)。「やられたらやり返す。倍返しだ！」と堺雅人が演ずる半沢直樹の行動力とリーダーシップに、溜飲を下げた人も多いだろう。

外部や組織の上のほうからは目の敵にされるが、部下や同僚からは、めっぽう慕われる。水戸黄門と並んで、サラリーマンが憧れるリーダー像である。

組織論のダークサイドに目が行けば、その反動で、旧態を打破してくれるリーダーシップを期待し、関心が向く。役割をきちんとこなしていくのが組織人だとしたら、組織のために部下をマネジメントしていく管理職も、知らず知らずに、ブラックな組織の片棒を担いでいる。

映画『ボヘミアン・ラプソディ』で人気が再燃したイギリスのロックバンドQUEEN。彼らが親日派であることは、よく知られている。日本びいきが高じて、ブライアン・メイが作詞作曲したのは、知る人ぞ知る名曲『Teo Torriatte (Let Us Cling Together)』(イタリア語ではありません)。

リーダーシップの目的が、未来に向けて組織を変革していくことだとすれば、組織から手を切るのがよい。そして、職場の仲間と「手を取り合って」、未来に進むことだ。フレディ・マーキュリーの歌声に合わせて。

## 役割と人徳

リーダーシップにも、また、組織と個人の対比が表れてくる。組織論で論じれば「役割」が、個人論で論じれば「人徳」が、リーダーシップにまつわるキーワードとして立ち上がってくる。

赤ちょうちんで、何かと管理職の役割とか、部下への期待というような言葉が出てきたら、すでに組織論に毒されている。役割と期待はセットだ。ポジションごとの役割や機能と、その役割の遂行を周りが期待するということが、抱き合わせになっている。

そして、役割や期待は顔を持たない。

役割や役割期待という社会学の概念は、目に見えない空気としてわれわれを覆い、われわれの行動を縛っている。仕組みがしっかりと固まった成熟した組織では、管理職の役割とかメンバーの役割とか、先生の役割とか児童・生徒の役割とか、何かと役割が重んじられている。

役を担うのは誰でもよいので、1人ひとりの顔が見えなくなる。

あたかも、映画『千と千尋の神隠し』(宮崎駿監督作品)に出てくる妖怪カオナシのようだ。普段は表情も声もないのに、カエルという役割を飲み込んだとたんに、傍若無人のふるまいをしてしまう。役割を吐き出せば、またおとなしくなる。そのギャップが日本人の典型のようで、周りをあっと驚かせる。それもこれも、役割のなせるわざだ。

一方、「人徳がものをいう」とか、「他人とは違ったプレゼンス」というような表現で、上司のことを語っていれば、個人の違いを受け入れるしなやかさのある職場ができあがっているだろう。そのときには、個性や能力の個人差を扱う心理学と相性が良い。

マネジャーは集団の守護者であり、組織力を高め集団主義を維持するために、なくてはならない屋台骨を形作っている。組織論の大御所ミシガン大学のレンシス・リッカートは、その存在を、組織を束ねる「連結ピン」と呼んだ。[7)]

管理職は組織のパイプ役などといわれる。しかし、上の意向をそのまま下につなぐだけの放流パイプであっては意味がない。トップの意思を具体的な目標に落とし込み、現場の意欲を引き出すように、言葉を選んで部下に伝えること。

そして、部下のアイディアや不満を、経営の視点に沿った提案に仕立てて、トップに提示すること。優れた調整能力こそが、「連結ピン」としてのマネジャーに必要とされる大切な要素なのである。

リーダーシップは単なる役職や役割ではない。それは本人の価値観であり、人徳である。リーダーシップはもともと個人に根差したものであり、個人のカリスマや人徳で、組織に勢いを与え、組織を動かす使命を持つ。組織がうまくいかなくなったときには、個人の力で組織に変革をもたらし、周りを巻き込んで変化を推進する。

だから、徳のある人が上に座るのでなければ、組織は何かとぎくしゃくする。

無一文の苦境を乗り越えて、チキンラーメンとカップヌードルを開発し、年間900億食を超えるインスタントラーメンという世界の食文化を作り上げた日清食品の創業者安藤百福は、リーダーシップについて次のように語っている。

「仕事をするのは組織ではなく人である。リーダーは人の中の人でなければならない。真のリーダーの資格は、人としての徳を持っているかどうかだ」[8]

## 日本型リーダーシップの本質

組織の論理が幅を利かせるわが国で、日本型リーダーシップの正鵠《せいこく》とは何か？

作家の半藤一利は、泰然自若とした司令官の下で、思う存分の働きができる参謀のリーダーシップこそ、日本型リーダーシップの本質であると主張する。[9] 君主ではなく、家臣の働き。トップではなく、ミドルのリーダーシップがカギを握る。それがわが国のリーダーシップの様相である。

組織の長たるものは、武田信玄公にならって、「動かざること山の如し（不動如山）」[10] の態度で臨むのがよい。いちいちうるさく口出しなどはせず、部下を信頼して任せる。それが理想である。

中国に目を移しても、たとえば『西遊記』では、武術に優れ勇猛だが気が短い孫悟空、ずるくて怠け者だが楽観的な猪八戒、仕事は着実だがわれ関せずといった沙悟浄、この３人の超能力を持つ異才の妖怪どもを、徳はあるが臆病で力の弱い三蔵法師が束ねる。型破りの人材を、凡庸な人徳者がまとめて、崇高な旅に出る。それが理想の姿と考えられている。

泰然自若とした上司に東奔西走する部下という構図。このリーダーシップ像は、日露戦争を機に、わが国の組織にも刷り込まれたようだ。

日露戦争のヤマ場である日本海海戦において、東郷平八郎司令長官の下で活躍する秋山真之作戦参謀の姿は、司馬遼太郎の時代小説『坂の上の雲』[11] にも描かれている。本木雅弘主演のNHKドラマで、記憶に残っている方も多いだろう。

そしてそれは、そっくりそのまま、アニメ『宇宙戦艦ヤマト』（西崎義展企画・原案、松本零士監督）の沖田十三艦長と古代進の姿にも受け継がれている。

「不安を克服し、明日を信じる。それもわれわれにとって大事な心の戦いなんだ」と言って、古代ら乗組員を諭している沖田艦長の声が聞こえてきそうだ。

上下関係を尊ぶリーダーシップの構図は、いったいどこから生まれてきたのか？

「太上《たいじょう》は下《しも》これ有るを知るのみ」（『老子』道徳経第十七章）という老子の教えを、第12章では引き合いに出した。老子だけではない。さらに加えて、孔子の『論語』（衛霊公第十五の五）[12)]を出典として、「無為にして治まる」ということわざがある。

組織の長となる者は泰然とし、ことさら作為を講じないことが理想である。そうすれば、周りがおのずとよく動き、自然に治まるからだ。それを孔子は説いた。

孔子や老子の教えるリーダーシップは、自らが率先垂範することをよしとするアメリカ型のリーダーシップとは、対極をなしている。黙して動じない上司の下で、部下が自在に活躍する。そんなリーダーシップ像はアジア的である。

それはまさに、サーバント・リーダーシップとシェアド・リーダーシップを足して2で割った、オリエンタル・スペシャル・ミックスだ。西洋の卵焼きオムレットを味付けご飯の上に載せた和風洋食の代表格、オムライスのようなものかもしれない。お好みソースとマヨネーズをたっぷりかけたオム焼きそばというのもアリだ。

落ち着き払って動じない泰然自若という姿は、一歩間違うと、無能ともとられかねない危うさをはらんでいるものの、リーダーシップの国アメリカでは思いもよらない東洋の知恵に根差している。

混迷の時代。世界各国で、リーダーを求める機運が高まった。あまりにその希求が強すぎて、歯に衣着せぬ物言いで人気を集めた人を、リーダーシップがあると履き違えてしまったようだ。

一方、孔子の言う「無為の治」のように、自らが動かないことで、かえって全体がうまくまとまる。無言の圧力をかければ、周りが忖度し、組織が萎縮してしまうが、反対に、部下を信頼して任せれば、いちいち自らが口出しをしないことで、かえって周りがイキイキと動き出す。そんなリーダーシップを求めたい。

## リーダーシップの境地とは

天台宗・真言宗・禅宗などの仏教会派が使っている経典「般若心経」には、無という語が多く出てくる。有名なフレーズは、「無《む》眼《げん》耳《に》鼻《び》舌《ぜっ》身《しん》意《に》　無《む》色《しき》声《しょう》香《こう》味《み》触《そく》法《ほう》」だ。

般若心経で悟りをひらく「空」の状態では、われわれが世界を捉える感覚器である眼も耳も鼻も舌も身体も意識もなく、形も音も香りも味も感覚も観念もない。

英語では、もっともっと心に刺さる。

> No eye, no ear, no nose, no tongue, no body and no mind; No shape, no sound, no smell, no taste, no feeling and no thought.[13]

「No, No, No」と12回もシャウトすれば、誰でも立派にロックできる！

あらゆる感覚から自由になれば、きっと心が動き出す。自分が動くだけでなく、周りの人たちも動き出すことができる。

理性を張らず、感情に流されず、意志を無理強いしない。夏目漱石の『草枕』にも、相通じるリーダーシップの境地だ。

明らかに、雄弁に自分の立場やものの考え方をアピールするアメリカンなリーダーシップとは、次元の違うマインドセットに基づいている。行動するより静観することによって、物事の本質を感じ取ろうとする。

世の中というのは、あまりに多くのことがかかわり合い、喧騒の状態にある。そこでは、泥が巻き上げられていて、水が濁っている。だから、濁りが沈殿するまで心を沈め、水が清らかになって初めて、未来を見通すことができる。そして、その悟りの下でこそ、周りに良き働きを伝授することができる。

リーダーシップは文化によっている。リーダーシップは単に経営学にとどまらない。1つの文化論なのである。

職場の上司や先輩などを眺めてみれば、リーダーシップについて一家言を持っている人も少なくない。また、覚えきれないほど多くの知見が、学識経験者やコンサルタントから示されてもいる。

本書でおさらいしてきたように、リーダーシップの学説を整理すれば、多くのポイントが明らかになる。ただし、欧米の考え方を基礎にしてまとめられてきたものなので、うわべでは納得したとしても、どこか違和感を覚えてしまうこともあるだろう。

最後にもう一度、問うてみよう。

わが国の組織では、どのようなリーダーシップが求められているだろうか？　アメリカンでもない、グローバルでもない、日本型のリーダーシップとは何か？

答えを出すのが難しい問題だ。日本固有の独自性と、リーダーシップの概念自体に期待される普遍性の間で、揺れ動いている気持ち。女心のように悩ましい。

ただし、本書を最後まで真面目に読んでこられたならば、リーダーシップ・ブレイン・モデルに出てきたビジョンや業務遂行やチームワークや人材育成などのキーワードが、その有力候補として挙がってくることは、もうお気づきだろう。

どれも正答だし、どれも誤答である。

リーダーシップについての問いの答えは、つまるところ、リーダー本人の経験と生きざまから見出していくしかない。

そして、2016年に、歌手として初めてノーベル文学賞を授与されたボブ・ディランに敬意を表すれば、「答えは風に吹かれている」のである。

## おわりに

リーダーシップはSNSによって影響を受ける。それが現代の縮図である。政治の世界では、選挙の行方がSNSによって大きく左右されていることは周知の事実だ。

フェイスブックやツイッターなどのソーシャルネットワークで、リンクやフォローや「いいね！」などのトラフィックを解析すれば、ごく近い間柄の人たちよりも、本人のことがよくわかるという。

本人の性格や行動を知ろうと思えば、親友の話を聞くより、70のトラフィックを分析すること。親より150、配偶者より300のトラフィックを分析するほうが、本人のことをよく知ることができると、まことしやかに言われている。親密な関係よりも、ネットワーク上の情報を集めたほうが、真相に迫る情報を得ることができる。デジタル上では、本人の良い面も隠しておきたい面も含めて、個人情報が丸裸にされているらしい。

それを世論操作にうまく活用したのが、ロンドンに本社のあるケンブリッジ・アナリティカ社だ。ケンブリッジ大学に起源を持つ同社では、性格検査アプリを使って、本人の性格特性を無料診断するとともに、(今では禁止されているが、) 回答者とつながった200名以上の個人データをオンライン上で入手して、かなり詳細な個人の性向にかかわる情報を蓄積している。ビッグデータから人工知能 (AI) を駆使して傾向性を分析すれば、かなり確度の高い行動予測ができる。

近年の心理学の研究成果として、個人の性格特性については、大きく5つの要素――開放性 (Openness)、誠実性 (Conscientiousness)、外向性 (Extraversion)、協調性 (Agreeableness)、神経症傾向 (Neuroticism)――で特徴を記述できることがわかっている。ビッグファイブ・パーソナリティ理論とか、頭文字を取ってOCEANモデルと呼ばれているものだ。

性格や行動性向を分析してマイクロ・マーケティングを行うことが、現代のSNS企業の成功の基盤となっている。それが、広告業界やコンサルティング業界で幅を利かせている。政治行動でも同じだ。

アメリカのケースでいえば、共和党支持者は保守的であり、反知性主義で知的好奇心が低く（低開放性）、社会的良識度が高い（高誠実性）。一方、民主党支持者は革新的であり、知的レベルが高いものの（高開放性）、身勝手で自己利益に目ざとい（低誠実性）。だから、トランプ派は、東部やカリフォルニアの高学歴・高所得者層が支持するリベラルを批判し、中流からこぼれ落ちた中産階級の良識や、正統性にアピールした。伝統と正義を重んじるふつうのアメリカ人だから、われわれには怒る権利があると主張する。

不安と怒りはSNSで伝わりやすい。不安を掻き立てて関心を引いたり、怒りに任せて相手をこき下ろすといったネガティブ・キャンペーンを通して、国民のネガティブな感情を高ぶらせ、冷静さを失わせる。本書でも繰り返し述べてきたように、ネガティブな感情はわれわれの意識と行動を支配する力が強いのだ。それがふつうの人の意識に上ることなく、政治的影響力のために巧妙に使われているのが、SNSを戦場にしたデジタル戦略である。

リーダーシップといえども、選挙を経なければならない民主的プロセスの下では、SNSに隷属する。自分がリーダーシップを発揮していると思いながら、政治的操作のワナにはまってしまう。自分に都合の良い話題ばかりをつぶやいたり、相手に不都合なデマを流したり。そのアクティブなコミュニケーションは、1人ひとりに直に届くこともあれば、逆に、心ない書き込みによって大きなしっぺ返しを食らうこともある。

不安や怒りといったネガティブな感情は、理性を覆い隠し、それが大衆の心の琴線に触れれば、大きなうねりとなって返ってくる。支持率の急上昇と急降下、バズるのと炎上するのの両極端を引き起こし、仕掛けた本人にもどうすることもできない。自縄自縛のようでもあり、ミイラ取りがミイラになるようでもある。

リーダーシップは、そもそも、魅力的で素晴らしい未来像をフォロワーの意識の中に植えつけ、おのずから未来に進ませるビジョンの働きによって達成される。ネガティブとは対極の、ポジティブ・キャンペーンによるのが本当の姿である。しかし、現実はどうか。

COVID-19の世界的感染拡大《パンデミック》がきっかけとなって、リーダーシップの欠如があからさまになった。わが国だけのことではない。世界的な兆候だ。人類をあざ払うかのように、コロナウイルスが次々と変異し、感染者はとどまるところを知らない。ロックダウンや移動禁止、PCR検査やワクチン投与など、矢継ぎ早に対策が打たれた。しかし、いろいろな不便を強いているために、国民の信任や心からの協力が得られず、世界の各国で国内の危機を抑えることができない。

リーダーシップの国アメリカでは、国家非常事態宣言が出された後でも、9.11同時多発テロ事件に匹敵する死者数（約3000人）を、毎日、コロナウイルスの感染によって失うほどの勢いである。同時多発テロでは、真珠湾攻撃の再来とまで世論が煽られたにもかかわらず、コロナについては、マスコミがいかに騒ごうとも、まったく気に止める様子もない。

大金持ちから先を急いで避難したニューヨークでは、地価が下げ止まらず、スラム化が進む。トランプ政権末期には、全米各地で大統領への帰依を示すかのように、あえてマスクも付けず、大人数で集会する姿が、テレビの画面に大きく映し出された。首都ワシントンでは、アメリカ独立戦争以後初めて経験した、議会襲撃というオマケまでついた。

欧州に目を移せば、イギリスやフランスは、わが国の約半分の人口しかないにもかかわらず、COVID-19による死者・感染者数が、わが国とは一桁違う。医療費負担をまかないきれず、命の選択を国レベルで行っているようにも見えるのは、幻想だろうか。また、ロシアでも、統計の正確さが疑問視されており、公表されたデータと実態はかけ離れている。

アメリカのトランプ大統領、イギリスのジョンソン首相、フランスのマクロン大統領、ロシアのプーチン大統領など、第2次世界大戦の戦勝国の首脳は、自国第一の考えに陥り、軒並みリーダーシップの危機に見舞われたようだ。

一方で、ドイツ、北欧（ノルウェー、フィンランド、デンマーク、アイスランドなど）、ニュージーランドなど女性が首脳を務める国では、コロナの感染拡大はそれほどでもない。「女性リーダーがコロナを抑える」という神話さえ生まれた。これは偶然ではない。しかし、女性がリーダーだからというジェンダーバイアス（？）でもない。

男性リーダーというのは、古い枠組みの中から生まれてくることが多いために、しがらみも多く、斬新な考え方ができないことがあるだろう。男性リーダーを支持する社会では、伝統にあぐらをかき、現状を変革するインセンティブを持たないこともある。

女性リーダーを生み出す国では、年齢や性別や財産や家族背景などにとらわれずに、自由に意見を表明したり、選択できる雰囲気がある。過去の伝統や慣習からある程度脱しているので、ものの考え方に柔軟性や寛容性や多様性があるだろう。

組織も同じである。上層部をおっさんばかりが占めるようであれば、どういう組織になるだろうか（関西では「おっちゃん」と呼ぶから、少しカワイイ）。

中高年男性ばかりが集まる会議。重厚な会議室で、詰め込みすぎの分厚い資料を手元にして、うやうやしく始まる。オンラインには決してならない。そのような場で、女性や若者は声を挙げられるだろうか？　また、その声は取り上げられるだろうか？

社会は変化する。組織も変化する。新しい時代を創り上げていくためには、多様なリーダーシップが欠かせない。前例やこれまでの常識にとらわれない発想が要る。そして、組織のあらゆるレベルでリーダーシップが必要なのだ。

本書の願いとして、子どもの頃からリーダーシップを伸ばして、多くの読者にリーダーシップを身につけてほしい。若いときから、リーダーシップに関心を持っていただきたい。組織をリードすることはできなくても、自分自身のリーダーになってほしい。

そのためには、自分の頭で考えることが肝心である。リーダーシップには個人の特徴が表れる。そして、自ら買って出たいろいろな経験を通して、時間をかけて身につけるものである。経験を内省して教訓を見つけたり、他の人との人間関係を通して、自分にないものを身につけたりする。

リーダーシップの理論はあまたあるが、示唆するところが多すぎて、シンプルな答えには行き着かない。だから、自分なりに考えて、自分にフィットするリーダーシップを見出していかなければならないのである。

リーダーシップはアメリカから持ち込まれたアイディアである。わが国の土壌では、自生しにくいものだと思う。だから、理論を参照してはいるが、ゼロからリーダーシップを考えてきたつもりである。アメリカの学説ならば、バーゲンセールするくらいたくさん仕入れているのだが、それをそのまま受け売りするのではなく、本書なりの考え方でアレンジして披露してきた。リーダーシップを脳と結びつける大胆な仮説も出した。それもこれも、リーダーシップについて、自分の頭で考えるクセをつけていただきたいからだ。

親に敷かれたレールの上を走るのではなく、幼い頃から自分で自分の道を切り開くことができれば、リーダーシップを早く身につけることができる。上司や先輩に忖度することなく、自分なりの考え方を貫いていけば、組織の次代を築いて行ける。『それいけ！アンパンマン』（やなせたかし作）に出てくるSLマンを見習いたい。SLマンは馬力のある機関車なのに、レールがなくても走れるからだ。

リーダーシップについて知りたいと思うのは、リーダーシップがないからかもしれない。人は欠けているものを求めて、人生という長い旅をする。旅に出るのに、遅すぎるということはない。旅の目的地はどこであっても、自らがすべてを取り仕切る経験から、リーダーシップを身につけることができる。リーダーシップへの旅。そのお供をするのが、本書であれば幸いである。

本書を執筆するにあたって、さまざまな方からの支援を受けた。ここで感謝の意を表したい。誰よりもまず、神戸大学名誉教授の金井壽宏先生に感謝したい。同僚かつ偉大な先輩教員であった先生には、神戸大学大学院経営学研究科に奉職していたときから、大変な影響を受けた。もともと、リーダーシップにそれほど興味を持っていたわけではなかったのに、研究会や授業の中で、金井先生から直々にリーダーシップの大切さと面白さをうかがった。まさに、リーダーシップの薫陶を受けたわけである。そのときのインスピレーションが、本書のさまざまな部分で生かされている。

早稲田大学商学部の村瀬俊朗さんにも、大変に知的刺激を受けた。当時アメリカに在住していた村瀬さんが神戸大学を訪問したときに、リーダーシップの最先端理論をいろいろと紹介してもらった。リーダーシップの学説についてはしっかり頭に入れていたつもりだったが、研究論文ではわからない裏の事情を含めて、リーダーシップ研究の現状を理解することができた。リーダーシップに関する共同研究も実施できた。また、本書で紹介したトヨタグループの調査では、共同主査として、調査研究の任を果たしていただいた。改めて感謝したい。

本書で紹介したデータを収集するにあたって、いろいろな方にお世話になっている。公益財団法人中部産業・労働政策研究会の小木曽一郎さんと三浦孝之さんには、トヨタグループに対する調査の実施で大変お世話になった。また、リーダーシップ研修の実施にあたって、大阪ガス株式会社の高松宏行さんにお世話になった。感謝を申し上げたい。

本書を出版するにあたっては、東洋経済新報社の佐藤敬さんにご尽力を受けた。ふだんついつい持ち込んでしまう学者の視点に対し、編集の立場から、忌憚ない意見をいただいた。頭でっかちだった初期稿から、大胆に方向修正ができたのは、佐藤さんのおかげである。ずいぶん柔らかく仕上がったものである。また、校正をお手伝いいただいた松村靖子さんに感謝を申し上げたい。本書の全体にわたって、細かな誤字や不適切な表現を修正していただいた。また、今どきの読者には伝わりにくい古いおやじギャグを指摘し、手直しすることで、幅広い読者にアピールできるものとなった。

最後に、本書を書き上げる長く苦しい作業の中で、私を傍らから支え続けてくれた妻・髙橋紅には、これ以上ないほどの感謝の意を表したい。本を執筆するというのは、研究論文のような短期決戦とは違って、複数年にまたがるつらい長期戦である。いつ終わるともしれない長丁場では、いろいろな悩みや苦労に出くわすが、それは間近で見ている妻しかわからない。ありがとう。おおきに。サンキュー。謝謝。

イノシシが闊歩する六甲山の麓から芦屋の浜を眺めて

髙橋 潔

【はじめに】

1 Bennis, W., and B. Nanus（1985）*Leaders: The Strategies for Taking Charge.* New York: Harper and Row（小島直記訳［1987］『リーダーシップの王道』新潮社；伊東奈美子訳［2011］『本物のリーダーとは何か』海と月社）.

【Chapter 1】

1 Stogdill, R. M.（1974）*Handbook of Leadership: A Survey of Theory and Research.* New York: Free Press.

2 Hemphill, J. K., and A. E. Coons（1957）"Development of the Leader Behavior Description Questionnaire." In R. M. Stogdill, and A. E. Coons（eds.）, *Leader Behavior: Its Description and Measurement.* Columbus, OH: Bureau of Business Research, Ohio State University, pp. 6-38.

3 House, R. J., N. S. Wright, and R. N. Aditya（1997）"Cross-Cultural Research on Organizational Leadership: A Critical Analysis and a Proposed Theory." In P. C. Earley and M. Erez（eds.）, *New Perspectives on International Industrial and Organizational Psychology.* San Francisco, CA: New Lexington Press, pp. 535-625.

4 Stogdill（1974）.

5 Northouse, P. G.（2007）*Leadership: Theory and Practice.* Thousand Oaks, CA: Sage.

6 Jacobs, T. O., and E. Jaques（1990）"Military Executive Leadership. " In K. E. Clark, and M. B. Clark（eds.）, *Measures of Leadership.* West Orange, NJ: Leadership Library of America, pp. 281-295.

7 Drath, W. H., and C. J. Palus（1994）*Making Common Sense: Leadership as Meaning-Making in a Community of Practice.* Greensboro, NC: Center for Creative Leadership.

8 Richards, D., and S. Engle（1986）"After the Vision: Suggestions to Corporate Visionaries and Vision Champions. " In J. D. Adams（ed.）, *Transforming Leadership.* Alexandria, VA: Miles River Press, pp. 199-214.

9 Schein, E. H.（1992）*Organizational Culture and Leadership (2nd ed.).* San Francisco, CA: Jossey-Bass.

10 Greenberg, J., and R. A. Baron（2000）*Behavior in Organizations: Understanding and Managing the Human Side of Work.* New York: Prentice-Hall.

11 Leaders to Leader Institute（2004）*Be - Know - Do: Leadership the Army Way.* San Francisco, CA: Jossey-Bass（渡辺博訳［2010］『アメリカ陸軍リーダーシップ』生産性出版）.

【Chapter 2】

1　たとえば，代表的な論者には以下のような人がいる．Kotter, J. P.（1990）*A Force for Change: How Leadership Differs from Management*. New York: Free Press（梅津祐良訳［1991］『変革するリーダーシップ――競争勝利の推進者たち』ダイヤモンド社）；Northouse, P. G.（2007）*Leadership: Theory and Practice.* Thousand Oaks, CA: Sage; Rost, J. C.（1991）*Leadership for the 21st Century*. New York: Greenwood など．

2　Zaleznik, A.（1977）"Managers and leaders: Are they different?" *Harvard Business Review*, May-June: 67-78.

3　『論語』（顔淵第12-1）には，「非礼勿視　非礼勿聴　非礼勿言　非礼勿動」と記されている．

4　De Bono, E.（1967）*New Think.* New York: Basic Books（白井實訳［1969］『水平思考の世界――電算機時代の創造的思考法』講談社ブルーバックス）．

5　デザインスクールとは，製品・サービスやウェブ・情報などから，自然環境・都市計画に至るまで，さまざまなデザインについての理論を教授し，幅広い社会的問題を解決するための応用実践を行う教育機関をいう．建築，造園，映像，グラフィック，ウェブ，パッケージ，工芸デザイン，ファッション，インテリアなど，幅広い分野のデザインを含んでいる．マサチューセッツ工科大学（MIT）メディアラボ，シンシナティ大学，カーネギーメロン大学，スタンフォード大学などが有名である．

6　クレアモント大学院大学ドラッカースクールのウェブサイト（https://www.cgu.edu/school/drucker-school-of-management/about/）を参照．

7　Buckingham, M.（2005）*The One Thing You Need to Know: ... About Great Managing, Great Leading, and Sustained Individual Success.* New York: Free Press（加賀山卓朗訳［2006］『最高のリーダー，マネジャーがいつも考えているたったひとつのこと』日本経済新聞出版社）．

8　岡谷繁実（1943）『名将言行録』岩波文庫．

【Chapter 3】

1　Buckingham（2005）．

2　Barney, J. B.（1997）*Gaining and Sustaining Competitive Advantage.* New York: Addison-Wesley（岡田正大訳［2003］『企業戦略論　上・中・下』ダイヤモンド社）．

3　安藤百福（2007）『インスタントラーメン発明王安藤百福かく語りき』中央公論新社．

4　経験から学ぶプロセスを，「具体的な仕事経験→振り返りと観察→教訓の概念化→新たな状況への積極的応用」に至るサイクルとして理論化した．Kolb, D. A.（1984）*Experiential Learning: Experience as the Source of Learning and Development.* Englewood Cliffs, NJ: Prentice Hall.

5　Bandura, A.（1977）*Social Learning Theory.* Englewood Cliffs, NJ: Prentice Hall（原野広太郎監訳［1979］『社会的学習理論――人間理解と教育の基礎』金子書房）．

6　Lombardo, M. M., and R. W. Eichinger（2000）*Career Architect Development Planner (3rd ed.).* Minneapolis, MN: Lominger.

7　Buckingham（2005）.

8　松下幸之助（1962）『私の行き方考え方』実業之日本社.

9　杉本貴司（2017）『孫正義 300 年王国への野望』日本経済新聞出版社.

10　Kaplan, R. S., and D. P. Norton（1996）*The Balanced Scorecard: Translating Strategy into Action.* Boston: Harvard Business School Press（吉川武男訳［2011］『バランス・スコアカード――戦略経営への変革（新訳版）』生産性出版）.

11　プロスペクト理論を体系的に理解するのは難しいが，入門的に学びたければ，カーネマンの講演や一般読者にわかりやすい論文を翻訳した以下の書籍を参照してほしい．友野典男監訳／山内あゆ子訳（2011）『ダニエル・カーネマン心理と経済を語る』楽工社.

12　Shiota, M. N.（2014）"The Evolutionary Perspective in Positive Emotion Research." In M. M. Tugade, M. N. Shiota, and L. D. Kirby（eds.）, *Handbook of Positive Emotions.* New York: Guilford, pp. 44-59.

13　Fox, E.（2013）*Rainy Brain, Sunny Brain: The New Science of Optimism and Pessimism.* London: Arrow（森内薫訳［2014］『脳科学は人格を変えられるか？』文藝春秋）.

14　稲盛和夫オフィシャルサイト（https://www.kyocera.co.jp/inamori/philosophy/words45.html）を参照.

【Chapter 4】

1　髙橋潔・村瀬俊朗（2019）『職場の競争力向上に向けたマネジメントとリーダーシップ』（公財）中部産業・労働政策研究会.

2　World Economic Forum（2020）"The Global Gender Gap Report 2020." Geneva, Switzerland. World Economic Forum（https://reports.weforum.org/global-gender-gap-report-2020）.

3　Yukl, G.（2012）*Leadership in Organizations (8th ed.).* Boston: Pearson; Yukl, G., A. Gordon, and T. Taber（2002）"A Hierarchical Taxonomy of Leadership Behavior: Integrating a Half Century of Behavior Research." *Journal of Leadership & Organizational Studies*, 9: 15-32.

【Chapter 5】

1　Galton, F.（1886）"Regression Towards Mediocrity in Hereditary Stature." *The Journal of the Anthropological Institute of Great Britain and Ireland*, 15: 246-263.

2　Fredrickson, B. L.（2009）*Positivity: Groundbreaking Research Reveals How to Embrace the Hidden Strength of Positive Emotions, Overcome Negativity, and Thrive.* New York: Crown（植木理恵監修／高橋由紀子訳［2010］『ポジティブな人だけがうまくいく 3：1 の法則』日本実業出版社）.

3　Losada, M.（1999）"The Complex Dynamics of High Performance Teams."

*Mathematical and Computer Modelling,* 30: 179-192; Losada, M., and E. Heaphy (2004) "The Role of Positivity and Connectivity in the Performance of Business Teams: A Nonlinear Dynamics Model." *American Behavioral Scientist*, 47: 740-765.

4 Fredrickson, B. L. (1998) "What Good are Positive Emotions?" *Review of General Psychology*, 2: 300-319; Fredrickson (2009).

5 Peter, L. J., and R. Hull (1969) *The Peter Principle: Why Things Always Go Wrong.* New York: William Morrow（田中融二訳［1969］『ピーターの法則――〈創造的〉無能のすすめ』ダイヤモンド社）.

【Chapter 6】

1 金井壽宏・髙橋潔（2004）『組織行動の考え方――ひとを活かし組織力を高める９つのキーコンセプト』東洋経済新報社.

2 Stogdill (1974).

3 Bass, B. M. (1990) *Bass & Stogdill's Handbook of Leadership: Theory, Research, & Managerial Applications.* New York: Free Press.

4 House, R. J., and R. N. Aditya (1997) "The Social Scientific Study of Leadership: Quo Vadis?" *Journal of Management*, 23: 409-473; Takahashi, K., J. Ishikawa, and T. Kanai (2012) "Qualitative and Quantitative Studies of Leadership in Multinational Settings: Meta-Analytic and Cross-Cultural Reviews." *Journal of World Business*, 47: 530-538.

5 堺屋太一（2006）『日本を創った 12 人』PHP 文庫.

6 Gibb, C. A. (1947) "The Principles and Traits of Leadership." *The Journal of Abnormal and Social Psychology*, 42: 267-284; Jenkins, W. O. (1947) "A Review of Leadership Studies with Particular Reference to Military Problems." *Psychological Bulletin*, 44: 54-79.

7 Stogdill, R. M. (1948) "Personal Factors Associated with Leadership: A Survey of the Literature." *The Journal of Psychology*, 25: 35-71.

8 Stogdill (1974) ; Kirkpatrick, S.A., and E. A. Locke (1991) "Leadership: Do Traits Matter?" *Academy of Management Executive*, 5: 48-60.

9 Mann, R. D. (1959) "A Review of the Relationships between Personality and Performance in Small Groups." *Psychological Bulletin*, 56: 241-270.

10 ペンシルバニア大学ポジティブ心理学センターのウェブサイト（https://ppc.sas.upenn.edu/）を参照.

11 Shartle, C. L. (1979) "Early Years of the Ohio State University Leadership Studies." *Journal of Management*, 5: 127-134.

12 Fleishman, E. A., and E. F. Harris (1962) "Patterns of Leadership Behavior Related to Employee Grievances and Turnover." *Personnel Psychology*, 15: 43-56.

13 Likert, R. (1961) *New Patterns of Management.* New York: McGraw-Hill（三隅二不二訳［1964］『経営の行動科学――新しいマネジメントの探求』ダイヤモンド社）.

14　三隅二不二（1966）『新しいリーダーシップ――集団指導の行動科学』ダイヤモンド社；三隅二不二（1978）『リーダーシップ行動の科学』有斐閣.

15　Bales, R. F.（1954）“In Conference.” *Harvard Business Review,* 32: 44-50.

16　金井・髙橋（2004）.

17　Fleishman, E. A., E. F. Harris, and H. E. Burtt（1955）“Leadership and Supervision in Industry: An Evaluation of a Supervisory Training Program.” *Ohio State University, Bureau of Educational Research Monograph*, 33; Blake, R. R., and J. S. Mouton（1964）*The Managerial Grid: Key Orientations for Achieving Production through People.* Houston, TX: Gulf（上野一郎監訳［1965］『期待される管理者像』産業能率短期大学出版部）；Likert（1961）；Bales, R. F.（1950）*Interaction Process Analysis: A Method for the Study of Small Groups.* Cambridge MA: Addison-Wesley; 三隅（1966）；Kotter, J. P.（1982）*The General Managers.* New York: Free Press（金井壽宏・加護野忠男・谷光太郎・宇田川富秋訳［1984］『ザ・ゼネラル・マネジャー――実力経営者の発想と行動』ダイヤモンド社）.

18　Fiedler, F. E.（1967）*A Theory of Leadership Effectiveness*. New York: McGraw-Hill（山田雄一監訳［1970］『新しい管理者像の探求』産業能率短期大学出版部）；Fiedler, F. E.（1971）“Validation and Extension of the Contingency Model of Leadership Effectiveness: A Review of Empirical Findings.” *Psychological Bulletin*, 76: 128-148.

19　Hersey, P. and K. H. Blanchard（1977）*Management of Organizational Behavior: Utilizing Human Resources (3rd ed.).* Englewood Cliffs, NJ: Prentice Hall（山本成二・水野基・成田攻訳［1978］『行動科学の展開――人的資源の活用 入門から応用へ』日本生産性本部）.

20　Kerr, S. and J. M. Jermier（1978）“Substitutes for Leadership: Their Meaning and Measurement.” *Organizational Behavior and Human Performance*, 22: 375-403.

21　Graen, G. B.（1976）“Role-Making Processes within Complex Organizations.” In M. D. Dunnette（ed.）, *Handbook of Industrial and Organizational Psychology.* Chicago: Rand McNally, pp. 1201-1245; Graen, G. B., and J. Cashman（1975）“A Role-Making Model of Leadership in Formal Organizations: A Development Approach.” In J. G. Hunt and L. L. Larson（eds.）, *Leadership Frontiers*. OH: Kent State University, pp. 143-165; Graen, G. B., and M. Uhl-Bien（1995）“Relationship-Based Approach to Leadership: Development of Leader-Member Exchange（LMX）Theory of Leadership over 25 Years: Applying a Multi-Level Multi-Domain Perspective.” *The Leadership Quarterly*, 6: 219-247.

22　白鳥和洋（2018）「自称『コミュニケーションの鬼』. メディアを虜にする長友のコメント力」サッカーダイジェスト・ウェブ（https://www.soccerdigestweb.com/news/detail/ id=49155）.

23　Dansereau, F., G. B. Graen, and W. J. Haga（1975）“A Vertical Dyad Linkage Approach to Leadership within Formal Organizations: A Longitudinal Investigation of The Role Making Process.” *Organizational Behavior and Human Performance*, 13: 46-78.

24　若林満・南隆男・佐野勝男（1980）「わが国産業組織における大卒新入社員のキャリ

ア発達過程——その継時的分析」『組織行動研究』6: 3-131.；若林満・南隆男・佐野勝男（1984）「わが国産業組織における大卒新入社員のキャリア発達過程——入社 7 年時点でのフォロー・アップ」『組織行動研究』11: 3-61.

25　デイヴィッド・ツェ／古田茂美(2011)『グワンシ——中国人との関係のつくりかた』ディスカヴァー・トゥエンティワン.

26　Tichy, N. M., and M. A. Devanna（1986）*The Transformational Leader: The Key to Global Competitiveness.* New York: Wiley.

27　Burns, J. M.（1978）*Leadership.* New York: Harper and Row.

28　House, R. J.（1977）"A 1976 Theory of Charismatic Leadership." In J. G. Hunt and L. L. Larson（eds.）, *Leadership: The Cutting Edge.* Carbondale, IL: Southern Illinois University Press, pp. 189-207; Conger, J. A., and R. N. Kanungo（1987）"Toward a Behavioral Theory of Charismatic Leadership in Organizational Settings." *The Academy of Management Review.* 12: 637-647.

29　Bennis and Nanus（1985）；Kouzes, J. M., and B. Z. Posner（1987）*The Leadership Challenge: How to Get Extraordinary Things Done In Organizations.* San Francisco, CA: Jossey-Bass（金井壽宏監訳／伊東奈美子訳［2010］『リーダーシップ・チャレンジ』海と月社）；Sashkin, M.（1988）"The Visionary Leader." In J. A.Conger, and R. N. Kanungo（eds.）, *Charismatic Leadership: The Elusive Factor In Organizational Effectiveness*, San Francisco, CA: Jossey-Bass, pp. 122-160.

30　House, R. J., and B. Shamir（1993）"Toward the Integration of Transformational, Charismatic, and Visionary Theories." In M. M. Chemers, and R. Ayman（eds.）, *Leadership Theory and Research: Perspectives and Directions.* San Diego, CA: Academic Press, pp. 81-107.

31　Bass, B. M.（1985）*Leadership and Performance beyond Expectations*. New York: Free Press; Conger, J. A., and R. N. Kanungo（1994）"Charismatic Leadership in Organizations: Perceived Behavioral Attributes and Their Measurement." *Journal of Organizational Behavior*, 15: 439-452; Bennis and Nanus（1985）.

32　Bryman, A.（1993）"Charismatic Leadership in Business Organizations: Some Neglected Issues." *The Leadership Quarterly*, 4（3-4）: 289-304.

33　Bass, B. M. and B. J. Avolio（1993）*Improving Organizational Effectiveness through Transformational Leadership.* Thousand Oaks, CA: Sage; Bass, B. M., and B. J. Avolio（1995）*MLQ Multifactor Leadership Questionnaire for Research.* Redwood City, CA: Mind Garden; Bass, B. M., and B. J. Avolio（1996）*Manual for the Multifactor Leadership Questionnaire.* Palo Alto, CA: Mind Garden.

【Chapter 7】

1　Gilbert, D.（2006）*Stumbling on Happiness.* New York: Knopf（熊谷淳子訳［2007］『幸

せはいつもちょっと先にある――期待と妄想の心理学』早川書房).
2 Fleischman, J.（2002）*Phineas Gage: A Gruesome but True Story about Brain Science.* Boston: Houghton Mifflin Harcourt.
3 Merton, R. K.（1949）*Social Theory and Social Structure.* New York: Free Press（森東吾・森好夫・金沢実・中島竜太郎訳［1961］『社会理論と社会構造』みすず書房).
4 Stanovich, K. E., and R. F. West（2000）"Individual Differences in Reasoning: Implications for the Rationality Debate?" *Behavioral and Brain Sciences,* 23: 645-726.
5 Chaiken, S.（1987）"The Heuristic Model of Persuasion." In M. P. Zanna, J. M. Olson, and C. P. Herman（eds.）, *Social Influence: The Ontario Symposium,* 5: 3-39. Hillsdale, NJ: Erlbaum.
6 Bargh, J. A., and T. L. Chartrand（1999）"The Unbearable Automaticity of Being." *American Psychologist,* 54: 462-479.
7 Haidt, J.（2001）"The Emotional Dog and Its Rational Tail: A Social Intuitionist Approach to Moral Judgment." *Psychological Review,* 108: 814-834.
8 Kahneman, D.（2011）*Thinking, Fast and Slow.* New York: Farrar, Straus and Giroux（村井章子訳［2012］『ファスト＆スロー――あなたの意思はどのように決まるか？　上・下』早川書房).
9 Carter, R.（1998）*Mapping the Mind.* Berkeley, CA: University of California Press（養老孟司監修／藤井留美訳［1999］『脳と心の地形図――思考・感情・意識の深淵に向かって』原書房).
10 Carter, R.（2010）*Mapping the Mind (Revised and Updated ed.).* Berkeley, CA: University of California Press.（養老孟司監修／藤井留美訳［2012］『新・脳と心の地形図――思考・感情・意識の深淵に向かって』原書房).
11 Greenleaf, R. K.（1977）*Servant Leadership: A Journey into the Nature of Legitimate Power and Greatness.* New York: Paulist Press（金井壽宏監訳／金井真弓訳［2008］『サーバントリーダーシップ』英治出版).
12 Kram, K. E.（1985）*Mentoring at Work: Developmental Relationships in Organizational Life.* Glenview, IL: Scott, Foresman（渡辺直登・伊藤知子訳［2003］『メンタリング――会社の中の発達支援関係』白桃書房).
13 髙橋潔（2009）「リーダーシップと脳」『産政研フォーラム』82: 47-51；髙橋潔（2012）「リーダーシップの本質」『国民経済雑誌』205（6）: 51-66.
14 平尾誠二・金井壽宏（2009）『型破りのコーチング』PHP 新書.
15 平尾誠二（2006）『人は誰もがリーダーである』PHP 新書.
16 野中郁次郎・竹内弘高（1996）『知識創造企業』梅本勝博訳, 東洋経済新報社；三品和広・日野恵美子（2011）「日本企業の経営者――神話と実像」『日本労働研究雑誌』606: 6-19.
17 小池和男（1991）『大卒ホワイトカラーの人材開発』東洋経済新報社.

【Chapter 8】

1　信玄公が詠んだ句とされ，「情《なさけ》は見方　讎《あだ》は敵なり」と続く．

2　Tichy, N. M., and E. Cohen（1997）*The Leadership Engine: How Winning Companies Build Leaders at Every Level.* New York: HarperCollins（一條和生訳［1999］『リーダーシップ・エンジン――持続する成長企業の秘密』東洋経済新報社）．

3　Tichy, N. M., and N. Cardwell（2002）*The Cycle of Leadership: How Great Leaders Teach Their Companies to Win.* New York: HarperCollins（一條和生訳［2004］『リーダーシップ・サイクル――教育する組織をつくるリーダー』東洋経済新報社）．

4　たとえばBennis, W. G.（2009）*On Becoming a Leader.* New York: Basic Books（伊東奈美子訳［2008］『リーダーになる 増補改訂版』海と月社）；Bennis, W. G. and B. Nanus（1985）*Leaders: Strategies for Taking Charge.* New York: HarperCollins（伊東奈美子訳［2011］『本物のリーダーとは何か』海と月社）；Kotter, J. P.（1982）*The General Managers.* New York: Free Press（金井壽宏・加護野忠男・谷光太郎・宇田川富秋訳［2009］『J・P・コッタービジネス・リーダー論』ダイヤモンド社）；ハーバード・ビジネス・レビュー編集部編（2018）『リーダーシップの教科書――ハーバード・ビジネス・レビュー リーダーシップ論文ベスト10』ダイヤモンド社；Heifetz, R. A and M. Linsky（2017）*Leadership on the Line, With a New Preface: Staying Alive Through the Dangers of Change.* Boston: Harvard Business Review Press（野津智子訳［2018］『（新訳）最前線のリーダーシップ――何が生死を分けるのか』英治出版）；Kouzes, J., and B. Z. Posner（1987）*The Leadership Challenge (5th ed.).* New York: Wiley（金井壽宏監訳／関美和訳［2014］『リーダーシップ・チャレンジ　原書第5版』海と月社）；日本経済新聞社編（2015）『リーダーシップの名著を読む』日経文庫など．

5　たとえば，金井壽宏（2005）『リーダーシップ入門』日経文庫；金井壽宏（1991）『変革型ミドルの探求――戦略・革新指向の管理者行動』白桃書房；小野善生（2018）『リーダーシップ徹底講座――すぐれた管理職を目指す人のために』中央経済社；小野善生（2013）『最強のリーダーシップ理論集中講義』日本実業出版社；谷口智彦（2006）『マネジャーのキャリアと学習――コンテクスト・アプローチによる仕事経験分析』白桃書房など．

6　たとえば，石川淳（2016）『シェアド・リーダーシップ――チーム全員の影響力が職場を強くする』中央経済社；日向野幹也／アラン・バード／立教大学リーダーシップ研究所（2007）『入門ビジネス・リーダーシップ』日本評論社など．

7　McCall, M. W., Jr., M. M. Lombardo, and A. M. Morrison（1988）*The Lessons of Experience: How Successful Executives Develop on the Job.* New York: Free Press; McCall, M.W., Jr.（1998）*High Flyers: Developing the Next Generation Leaders.* Boston, MA: Harvard Business Review Press（金井壽宏監訳／リクルートワークス研究所訳［2002］『ハイ・フライヤー――次世代リーダーの育成法』プレジデント社）．

8　松尾睦（2006）『経験からの学習――プロフェッショナルへの成長プロセス』同文舘出版．

9　Amador, J. A., L. Miles, and C. B. Peters（2006）*The Practice of Problem-Based Learning: A*

*Guide to Implementing PBL in the College Classroom.* Bolton, MA: Anke.

10 Hyde, P.（2007）“Integrating Experiential Learning Through ‘Live’ Projects: A Psychodynamic Account.” In: M. Reynolds, and R. Vince（eds.）, *The Handbook of Experiential Learning and Management Education.* Oxford, UK: Oxford University Press, pp. 291-306.

11 河合塾（2015）「2014年度大学のアクティブラーニング調査報告書」（https://www.kawaijuku.jp/jp/research/unv/pdf/2014_houkokusho.pdf）.

12 日向野ほか（2007）；舘野泰一・高橋俊之編著（2018）『リーダーシップ教育のフロンティア［研究編］――高校生・大学生・社会人を成長させる「全員発揮のリーダーシップ」』中原淳監修，北大路書房.

13 Ericsson, A., and R. Pool（2016）*PEAK: Secrets from the New Science of Expertise*. Boston: Eamon Dolan（土方奈美訳［2016］『超一流になるのは才能か努力か？』文藝春秋）.

14 Simon, H. A., and W G. Chase（1973）“Skill in Chess.” *American Scientist,* 61: 394-403.

15 Gladwell, M.（2008）*Outliers: The Story of Success.* New York: Little Brown（勝間和代訳［2009］『天才！ 成功する人々の法則』講談社）.

16 松尾（2006）；松尾睦（2013）『成長する管理職――優れたマネジャーはいかに経験から学んでいるのか』東洋経済新報社；松尾睦（2018）『医療プロフェッショナルの経験学習』同文舘出版.

17 Day, D. V.（2011）“Leadership Development.” In A. Bryman, D. Collinson, K. Grint, B. Jackson, and M. Uhl-Bien（eds.）, *The SAGE Handbook of Leadership*. Los Angeles, CA: Sage, pp. 37-50.

【Chapter 9】

1 桐生稔（2020）『雑談の一流，二流，三流』明日香出版社.

2 岸本光永・渡辺三枝子（2010）『考える力を伸ばす教科書――ダイアローグと論理で思考力を高める』日本経済新聞出版社.

3 小関智弘（2001）『仕事が人をつくる』岩波新書.

4 マイケル・サンデル／NHK「ハーバード白熱教室」製作チーム（2012）『ハーバード白熱教室講義録＋東大特別授業 上・下』早川書房.

5 Bohm, D., and L. Nichol（1996）*On Dialogue (2nd ed.).* New York: Routledge.（金井真弓訳［2007］『ダイアローグ――対立から共生へ，議論から対話へ』英治出版）.

6 本図は以下を参照して筆者が作成した．堀公俊（2006）『組織変革ファシリテーター――「ファシリテーション能力」実践講座』東洋経済新報社.

7 Van Dijk, G. M. and R. J. P. Loon（2015）“Dialogical Leadership: Dialogue as Condition Zero.” *Journal of Leadership, Accountability, and Ethics*, 12: 62-75.

8 Brown, J., D. Isaacs, and World Café Community（2005）*The World Café: Shaping our Futures Through Conversations that Matter.* San Francisco, CA: Berrett-Koehler（香取一昭・

川口大輔訳［2007］『ワールド・カフェ―カフェ的会話が未来を創る』ヒューマンバリュー）.

9 Owen, H.（2008）*Open Space Technology: A user's guide (3rd ed.).* San Francisco, CA: Berrett-Koehler.

10 Cooperrider, D. L, and D. Whitney（2005）*Appreciative Inquiry: A Positive Revolution in Change.* San Francisco, CA: Berrett-Koehler（本間正人監訳／市瀬博基訳［2006］『AI「最高の瞬間」を引きだす組織開発――未来志向の“問いかけ”が会社を救う』PHP 研究所）.

11 桑原晃弥（2018）『トヨタ式 5W1H 思考――カイゼン，イノベーションを生む究極の課題解決法』KADOKAWA.

12 Weisbord, M., and S. Janoff（2005）*Future Search: An Action Guide to Finding Common Ground in Organizations and Communities.* San Francisco, CA: Berrett-Koehler（香取一昭・ヒューマンバリュー訳［2009］『フューチャーサーチ――利害を越えた対話から，みんなが望む未来を創り出すファシリテーション手法』ヒューマンバリュー）.

13 Kahane, A.（2004）*Solving Tough Problems: An Open Way of Talking, Listening, and Creating New Realities.* San Francisco, CA: Berrett-Koehler（ヒューマンバリュー訳［2008］『手ごわい問題は、対話で解決する――アパルトヘイトを解決に導いたファシリテーターの物語』ヒューマンバリュー）.

14 「子《し》曰《いわ》く，君子は食に飽くを求むること無く，居に安きを求むること無し．事《こと》に敏《びん》にして言《げん》に慎み，有道《ゆうどう》に就きて正《ただ》す．学を好むと謂《い》うべきのみ」．解説では，「先生がいわれた．『君子たるものは飽食を求めず，住宅は快適を求めない．行動は俊敏だが，発言は慎重であり，徳の高い人からは批判を求める．このような人は，それだけで学を好むといえるだろう』」とある．

【Chapter 10】

1 川内彩友美編（1997）『決定版まんが日本昔ばなし』講談社，pp. 164-165.

2 Bass, B. M.（1985）*Leadership and Performance beyond Expectations.* New York: Free Press.

3 Sinek, S.（2009）*Start With Why: How Great Leaders Inspire Everyone to Take Action.* New York: Portfolio（栗木さつき訳［2012］『WHY から始めよ！――インスパイア型リーダーはここが違う』日本経済新聞出版社）.

4 出雲充（2012）『僕はミドリムシで世界を救うことに決めました。――東大発バイオベンチャー「ユーグレナ」のとてつもない挑戦』ダイヤモンド社.

5 永井隆（2008）「トップの証言　スズキ 鈴木修会長兼 CEO」『PRESIDENT』8 月 18 日号（https://president.jp/articles/-/3410）.

6 Simon, H. A.（1997）*Administrative Behavior: A Study of Decision-Making Processes in Administrative Organizations (4th ed.).* New York: Free Press（二村敏子・桑田耕太郎・高尾義明・西脇暢子・高柳美香訳［2009］『新版 経営行動――経営組織における意思決定過程の研究』ダイヤモンド社）.

7　Kahneman（2011）.

8　スタンフォード大学マーチン・ルーサー・キングJr.研究教育所のウェブサイト（https://kinginstitute.stanford.edu/king-papers/documents/i-have-dream-address-delicered-march-washington-jobs-and-freedom）を参照.

9　手塚治虫（2007）『手塚治虫　未来へのことば』こう書房.

【Chapter 11】

1　Tichy and Cohen（1997）.

2　Kirkpatrick, D. L.（1967）“Evaluation of Training.” In: R. L. Craig and L. R. Bittel (eds.), *Training and Development Handbook.* New York: Mc Graw-Hill, pp. 87-112.

3　Cuddy, A.（2015）*Presence: Bringing Your Boldest Self to Your Biggest Challenges.* New York: Little Brown Spark（石垣賀子訳［2016］『〈パワーポーズ〉が最高の自分を創る』早川書房）.

【Chapter 12】

1　Menon, T., J. Sim, J. H. Fu, C. Chiu, and Y. Hong（2010）“Blazing the Trail Versus Trailing the Group: Culture and Perceptions of the Leader's Position.” *Organizational Behavior and Human Decision Processes*, 113: 51-61.

2　Greenleaf（1977）.

3　池田守男・金井壽宏（2007）『サーバントリーダーシップ入門――引っ張るリーダーから支えるリーダーへ』かんき出版.

4　久我真樹（2018）『日本の執事イメージ史――物語の主役になった執事と執事喫茶』講談社（星海社新書）.

5　日本ヘルマン・ヘッセ友の会・研究会編（2006）『ヘルマン・ヘッセ全集13　荒野の狼・東方への旅』臨川書店，p. 243.

6　Barbuto, J. E. and D. W. Wheeler（2006）“Scale Development and Construct Clarification of Servant Leadership.” *Group and Organization Management*, 31: 300-326; Ehrhart, M. G.（2004）“Leadership and Procedural Justice Climate as Antecedents of Unit-level Organizational Citizenship Behavior.” *Personnel Psychology*, 57: 61-94; Liden, R.C., S. J. Wayne, H. Zhao, and D. Henderson（2008）“Servant Leadership: Development of a Multidimensional Measure and Multi-Level Assessment.” *The Leadership Quarterly*, 19: 161-177.

7　神戸大学大学院経営学研究科髙橋研究室において，過去のサーバント・リーダーシップ尺度をもとに作成し，経営専門職大学院生を中心に，社会人からデータを得た．日本語の語感を残しながら，英語から日本語版尺度を構築することと，社会人からデータを収集することは，中国人留学生の劉培氏には困難であったため，髙橋研究室の調査プロジェクトとして実施し，データ分析の部分を劉氏が担当し，修士論文にまとめた．劉培（2013）「サーバント・リーダーシップの測定尺度について――日本語版尺度の作成」神戸大学大学院経営学研究科大学院生ワーキングペーパー 201302a（https://www.b.kobe-u.ac.jp/stuwp_files/2013/201302a.pdf）.
8 Carson, J. B., P. E. Tesluk, and J. A. Marrone（2007）“Shared Leadership in Teams: An Investigation of Antecedent Conditions and Performance.” *Academy of Management Journal*, 50: 1217-1234.
9 Zhu, J., Z. Liao, K. C. Yam, and R. E. Johnson（2018）“Shared Leadership: A State-of-The-Art Review and Future Research Agenda.” *Journal of Organizational Behavior*, 39: 834-852.
10 Seifter, H., and P. Economy（2001）*Leadership Ensemble: Lessons in Collaborative Management from the World-Famous Conductorless Orchestra.* New York: Henry Holt（鈴木主税訳［2002］『オルフェウスプロセス――指揮者のいないオーケストラに学ぶマルチ・リーダーシップ・マネジメント』角川書店）.
11 Heimans, J., and H. Timms（2018）*New Power: How Power Works in Our Hyperconnected World — and How to Make It Work for You.* New York: Doubleday（神崎朗子訳［2018］『NEW POWER――これからの世界の「新しい力」を手に入れろ』ダイヤモンド社）.
12 金井（2005）.
13 石川（2016）；Wu, C. M., and T. J. Chen（2018）“Collective Psychological Capital: Linking Shared Leadership, Organizational Commitment, and Creativity.” *International Journal of Hospitality Management*, 74: 75-84.
14 Porter, L. W., R. M. Steers, R. T. Mowday, and P. V. Boulian（1974）“Organizational Commitment, Job Satisfaction, and Turnover Among Psychiatric Technicians.” *Journal of Applied Psychology*, 59: 603-609.
15 曽山哲人（2017）『活躍する人のセオリー――強みを活かす』PHP ビジネス新書.
16 平尾（2006）.
17 張燕（2014）『ジャック・マー――アリババの経営哲学』永井麻生子訳, ディスカヴァー・トゥエンティワン.

【Chapter 13】
1 山本七平（1987）『日本型リーダーの条件』講談社.
2 文部科学省「高大接続改革実行プラン」には, このような学生像が示されている（https://warp.ndl.go.jp/info:ndljp/pid/11293659/www.mext.go.jp/b_menu/shingi/chukyo/chukyo12/sonota/__icsFiles/afieldfile/2015/01/23/1354545.pdf）.
3 Yukl（2012）.
4 遠藤功（2004）『現場力を鍛える――「強い現場」をつくる 7 つの条件』東洋経済新報社.
5 Clark, D.（2016）*Alibaba: The House that Jack Ma built.* New York: HarperCollins.
6 戸部良一・寺本義也・鎌田伸一・杉之尾孝生・村井友秀・野中郁次郎（1984）『失敗の本質――日本軍の組織論的研究』ダイヤモンド社.

7 Likert (1961).

8 安藤 (2007).

9 半藤一利 (2012)『日本型リーダーはなぜ失敗するのか』文春新書.

10 『孫子』(第 7 章軍争編) に「その疾《はや》きこと風の如く，その徐《しず》かなること林の如く，侵《しん》掠《りゃく》すること火の如く，動かざること山の如し (其疾如風　其徐如林　侵掠如火　不動如山)」とあり，武田信玄が旗印に用いた.

11 司馬遼太郎 (1978)『坂の上の雲』文春文庫.

12 「子《し》曰《いわ》く，無為にして治むる者は，其《そ》れ舜《しゅん》か．夫《かれ》何をか為さんや．己れを恭《うやうや》しくして正《まさ》しく南面《なんめん》せるのみ.」貝塚茂樹訳注による『論語』(中公文庫，1973 年) では，「先生がいわれた.『何もしないでいて，うまく天下を治められた人は，まず舜ぐらいであろうか．あの人はそもそも何をなされたのだろう．ただ身を持することに謹厳で，帝位についていられただけなのだ』」と解説されている.

13 Red Pine (2004) *The Heart Sutra.* Berkeley CA: Counterpoint.

## マ行



## ヤ行



## ラ行



## ワ行

【著者紹介】
**高橋　潔**（たかはし　きよし）
1960年大阪府生まれ。84年慶應義塾大学文学部卒業、96年ミネソタ大学経営大学院博士課程修了(Ph.D.)。南山大学経営学部および総合政策学部助教授、神戸大学大学院経営学研究科教授を経て、2017年より立命館大学総合心理学部教授。神戸大学名誉教授。専攻は組織行動論と産業心理学。人事評価やコンピテンシー診断など、企業と人のマネジメントについて心理学的視点からアプローチしている。経営行動科学学会会長、日本労務学会常任理事、人材育成学会常任理事、産業・組織心理学会理事などを歴任。著書に『人事評価の総合科学』(白桃書房、日本労務学会学術賞受賞)、『Jリーグの行動科学』(編著、白桃書房)、『経営とワークライフに生かそう!　産業・組織心理学(改訂版)』(共著、有斐閣)、『組織行動の考え方』(共著、東洋経済新報社)などがある。
ホームページ　https://ktakahas.wixsite.com/ktakahas

日本音楽著作権協会(出)許諾第2101527-101号

ゼロから考えるリーダーシップ

2021年4月15日発行

著　者――高橋　潔
発行者――駒橋憲一
発行所――東洋経済新報社
〒103-8345　東京都中央区日本橋本石町1-2-1
電話＝東洋経済コールセンター　03(6386)1040
https://toyokeizai.net/

装　丁………………竹内雄二
本文デザイン・DTP……高橋明香(おかっぱ製作所)
印　刷………………東港出版印刷
製　本………………積信堂
編集担当……………佐藤　敬
編集協力……………重田祐子

Printed in Japan　ISBN 978-4-492-52233-2